이 책을 만든 사람들

로드리고 라라 세라노

저널리스트이자 작가.
대학에서 생물학을 전공했다.
이 책을 위해 컬럼비아 대학교에서
바이러스학을 수강했다.
그는 정치, 경제, 생물권, 기후 변화의
상호 관련성에 대해 연구하고 있다.
저서로는 『위기상황의 출구』
(라 리제르바 에디시온스 2019, 아르헨티나)와
『기후 변화와 우리』(라 보니타, 2020)가 있다.

다니엘라 페르난데스

그래픽 디자이너이자 일러스트레이터.
저서로는 『테오와 레오넬』
(플라네타, 2018)이 있다.
대학에서 미술 워크숍을 주관하고 있다.

이선호

옮긴이.
서울대학교 의대에서 공부했다.
과기부장관이 위촉한 과학커뮤니케이터로
활동 중이다. 초등학생 온라인교육기업
〈꾸그〉 최우수 과학강사로 선정되었다.
다양한 방송과 강연으로, 어린이들에게는
엑소쌤으로 널리 알려져 있다.

바이러스 넌 누구냐? @2023

초판 1쇄 발행일 · 2023년 10월 19일
글 · 로드리고 라라 세라노 | 그림 · 다니엘라 페르난데스 | 옮긴이 · 이선호
펴낸이 · 윤은숙 | 펴낸 곳 · (주)느림보 | 편집 · 이선영 | 디자인 · 윤미정
등록일자 · 1997년 4월 17일 | 등록번호 · 제10-1432호
주소 · 경기도 파주시 탄현면 헤이리마을길 48-45
전화 · 편집부 (031)949-8761 | 팩스 · (031)949-8762
블로그 · https://blog.naver.com/nurimbo_pub
ISBN · 978-89-5876-251-5 74470

Yo y el virus
@Text Rodrigo Lara Serrano
@Illustrations Daniela Fernández
@La Bonita Ediciones, 2022

초등생을 위한
지식과 생각의 학교 ∨ 과학

바이러스 넌 누구냐?

로드리고 라라 세라노 글 • 다니엘라 페르난데스 그림 • 이선호 옮김

느림보

차례

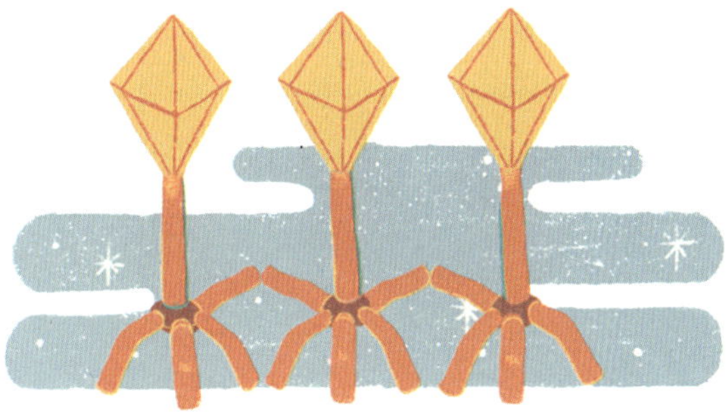

Chapter 1

어서 와! 바이러스 친구는 처음이지?

안녕! 먼저 날 소개할게. 내 이름은 쿠엔투! 엄청 특별한 바이러스지.
난 그냥 보통 바이러스가 아니야! 인간처럼 생각할 줄 아는 바이러스지! 어때, 궁금하니?
바이러스는 뇌도 없고, 신경세포인 뉴런도 없다는데 어떻게 생각하고 말을 하는지?
근데 네가 먼저 알아두어야 할 게 있어. 넌 인간이 지구상에서 가장 지능이 높다고 우기지만,
사실 수천 년 동안 우리 바이러스가 있는 것조차 모르고 살았다는 거!
인간이 우리 존재를 알게 된 것은 질병 때문이야.
어, 인간을 병들게 하는 액체가 있네! 이거 독성 주스 아니야? 옛날 사람들은 우리를 독성 주스라고 불렀대.
이게 말이 되니? 늘 인간 곁에서 살아온 친구를 이렇게 불러도 되냐고?
내가 오늘 확실하게 우리 바이러스가 얼마나 멋진 친구인지 알려줄게. 나만 믿고 따라와!

우리는 위대해

만일 우리가 없었다면, 지금 이 세상은 절대로 존재하지 못했을 거야. 우리가 열심히 활약한 덕분에, 인간이 지구에서 살 수 있게 됐거든. 처음 지구라는 행성이 생겼을 땐 정말 지옥 같았어. 생명체가 살 만한 곳이 아니었거든. 우리가 열심히 일해서, 식물과 동물 같은 생명을 키워내 인간을 먹여 살렸다고! 믿어지지 않는다고?
우리는 매일 수백만 명의 사람들과 함께 살고 있어. 하지만 아무도 눈치채지 못하지. 근데 너 우리가 인간의 병을 치료하는 데도 도움을 준다는 거 아니? 우리가 생태계에서 얼마나 중요한 일을 하고 있는지 좀 알았으면 좋겠어. 곰팡이나 박테리아와 같은 녀석들만 신경 쓰지 말고!
우리 바이러스가 사는 세상은 굉장히 넓어. 네가 상상하는 것 이상이야. 바다와 대륙, 공기까지, 모든 생명의 영역이 다 바이러스 천지야. 생명체는 모두 다 우리와 관계가 있어. 믿기 힘들겠지만, 1L의 물에도 지구 전체의 사람 수보다 더 많은 바이러스가 들어 있어!

우리도 우리가 얼마나 많은 지 셀 수가 없어. 파지라는 바이러스 그룹만해도 10^{30}개나 되거든.
10^{30}은 10×10×10×10×10×……10을 30번 계속 곱해야 나오는 숫자야. 우리 바이러스가 정말 대단한 존재라는 생각이 들지 않니?

우주의 별보다 더 많은 바이러스

파지바이러스 그룹의 파지들을 레고 블록처럼 층층이 쌓아 탑을 만들면…….
놀라지 마! 그 높이가 무려 1억 광년이래! 1억 광년이라니! 이것은 은하계 너머 수많은 별들을 지나쳐가도 끝이 안 날 만큼 까마득한 거리야.
여기서 놀라운 사실 하나 더! 지구에 사는 바이러스 숫자가 은하계의 별보다 더 많다는 거! 몰랐지? 인간이 우리에 대해 얼마나 알겠어? 물론 뭐 꼭 다 알아야 하는 건 아니지. 하지만 너무 모르면, 어리석은 결정을 하고 바보 같은 짓을 할 수도 있어.
그래서 내가 오늘 우리 바이러스의 세계를 알려주려고 해. 서로 깊이 이해하면, 정말 친한 친구가 될 수 있어. 친구는 어려울 때 손을 잡아주는 사이잖아? 난 언제나 너에게 도움이 되고 싶어.

이 세계에는
10.000.000.000.000.000.000.000.000.000.000의 파지가 있고……
얘는 그 중 하나야.

안녕?
나는 박테리오파지야!

행복한 리노바이러스

바이러스가 무엇인지, 누가 처음 발견했는지, 왜 너를 감기에 걸리게 하는지, 어떻게 생겼는지, 무슨 일을 하는지, 그리고 왜 계속 인간을 괴롭히는지 모르는 채 살긴 힘들어. 요즘은 어디서나 우리 바이러스 이야기만 하니까. 코로나19 때문이지! 나, 쿠엔투가 다 알려줄게. 우리가 진짜 얼마나 어리숙한지 알려줄게. 사실 바이러스는 실수 때문에 지금까지 살아남았거든!

감기는 추워서 걸리는 게 아니야

감기에 걸려보지 않은 사람은 단 한 명도 없을 걸. 옛날 엄마들은 찬 바람과 추위를 막으려고 창문을 꼭꼭 닫고 스카프로 아이의 목을 감싸줬어. 엄마들은 리노바이러스 때문에 감기에 걸린다는 걸 몰랐거든.

여기서 재미있는 이야기 하나! 18세기와 19세기에 북극과 남극 대륙을 여행한 탐험가들은 추위가 감기와 상관이 없다는 걸 알고 있었대. 강풍과 추위 속에서 고생했지만, 감기에 걸린 적이 한 번도 없었거든. 정말 신기하지?

코뿔소바이러스

리노바이러스는 코뿔소바이러스라고도 해.
왜냐하면 그리스어로 린rhin은 코를 의미하거든. 로마의 현자인 플리니우스는 감기 환자에게 생쥐로 코를 문지르라고 말했어.
우웩! 근데 생쥐를 일회용 티슈라고 상상해보렴.
그럼 아주 미친 생각은 아닌 거 같아. 하하, 아니라고?

루이스 캐럴이 쓴
《이상한 나라의 앨리스》의
주인공 앨리스가 감기에 걸려
재채기를 하는 모습

아, 아, 아……에취!

1914년, 발터 크루스라는 독일의 미생물학자가 엉뚱한 실험을 했어.
먼저 감기에 걸린 조수에게서 콧물을 채취했지. 그 다음 그것을 소금물에 넣고 여과했어. 그리고 그 여과액을 12명의 연구원들 코에 한두 방울씩 넣었대. 그런데 그중 4명이 조수처럼 감기에 걸렸어. 우연일까? 하지만 그는 처음으로 희망을 봤어.
그는 다시 실험을 이어갔지. 이번에는 35명의 학생을 두 그룹으로 나누어, 한 그룹에만 여과액을 주입했어. 다른 그룹은 그대로 뒀고. 그러자 15명의 학생이 감기에 걸렸어!
유레카!
과학자들이 새로운 발견을 했을 때 외치는 말이야!
크루스는 여과액 속에 감기를 일으키는 물질이 들어있다는 걸 깨달았어.
아, 진짜 이렇게 간단한 사실을 아는데 왜 그렇게 오랜 세월이 걸린 거니? 인간들은 진짜 알 수가 없어.

살아 있으면서 죽은 척

크루스의 실험 이후, 40년이 지나서야 감기 종류에 따라 각각 다른 바이러스가 작용한다는 걸 알게 됐어. 로마시대 플리니우스가 생쥐로 콧물을 닦으라고 했을 때부터, 감기를 치료하려면 어떻게 해야 하는지 대충 짐작은 했을 텐데……. 인간은 너무 눈치가 없다니까.

이건 좀 딴 얘기인데, 리노바이러스가 얼마나 행복한 녀석인지 말해주고 싶어. 내 친구 리노는 무도회에 참석한 것처럼 소년에서 소녀로, 여성에서 남성으로 옮겨 다니면서 재채기의 리듬에 따라 신나게 춤을 추는 습관이 있어. 행복한 요정처럼! 그러다가 가만히 멈춰 서서 꼼짝 안 할 때도 있어. 살아있으면서 죽은 척하기 게임을 하는 거지.

1세기 – 플리니우스는 생쥐로 콧물을 닦았다.

죽었니, 살았니?

우리가 정확히 누구냐고?

인간은 상상력이 특기야. 내가 정말 부러워하는 점이지. 근데 상상력은 가장 강력한 힘이지만, 가장 치명적인 약점이기도 하더라. 왜냐고? 인간은 지난 수 세기 동안 바이러스와 전혀 상관없는 걸 바이러스라고 상상했어. 그리고 그걸로 쓸데없이 논쟁하느라 시간을 허비했지.

우리 바이러스는 아주, 아주, 아주 작은 존재야. 미생물학자 빈센트 라카니엘로는 무려 5억 개의 리노바이러스가 손톱보다 작은 압정 머리 위에 다 올라간다고 했어. 그럼 대체 바이러스 한 개는 얼마나 작다는 이야기니? 5억은 거의 미국과 브라질 국민들을 합친 숫자인데! 우린 너무, 너무 작아서 그렇게 오랫동안 비밀에 싸여 있었을지도 몰라.

1935년, 우리가 결정체로 바뀔 수 있다는 사실이 알려졌어. 인간들은 충격을 받았지. 상상력을 자랑하는 인간들조차 감히 상상하지 못한 거였거든. 바이러스를 결정체로 만들어 소금 통에 잠시 보관할 수 있다는 걸 누가 상상해 봤겠니?

바이러스의 결정체

고체로 변한 바이러스라니! 인간은 죽은 물질이 어떻게 생명체를 괴롭힐 수 있냐면서, 우리를 아예 유령 취급했어. 근데 그게 바로 우리의 정체야!

약 5억 개의 리노바이러스가
압정 머리 위에 다 올라갈 수 있다.
5억은 미국과 브라질의 인구를
합친 수와 비슷하다.

동시에 발생하는 두 가지 상황

이제 진짜 인간의 특기인 상상력을 한번 펼쳐볼 시간이 왔어! 인간은 생명체가 특정한 공간과 시간에서만 존재한다고 믿지?
그렇다면 나를 한 마리 아기 고양이라고 상상해 봐.
근데 동시에 두 가지 상황이 발생하는 거지.

→ 잠든 아기 고양이가 있다.

→ 고양이 목에 봉투가 하나 대롱대롱 매달려 있다.
나 같은 아기 고양이를 수천 마리 복제하라는
명령이 담긴 봉투!

바이러스는 이렇게 존재하는 거야. 두 가지 상황 또는 순간이 함께 존재해. 죽은(잠든) 상태로 여기저기 떠돌아다니는 바이러스! 하지만 복제 명령서는 살아있지!

죽은 바이러스가 세포와 접속하는 순간, 갑자기 살아나서 복제 명령을 수행하기 시작하는 거야. 인간은 그때 이렇게 말할 거야. "어, 어……죽었는데 살았어!" 대체 이게 무슨 말이니? 무생물이 생물로 변하는 기적인가!

근데 잠깐! 사진이나 애니메이션, 영화에 나오는 바이러스는 실제 활동 중인 우리가 아니야! 그건 바이러스의 형태나 순간을 포착한 **비리온**이야. 너희들이 죽었다고 생각한 그 바이러스야! 세포 안에서 신나게 활약하고 있는 우리 바이러스의 모습이 아니야!

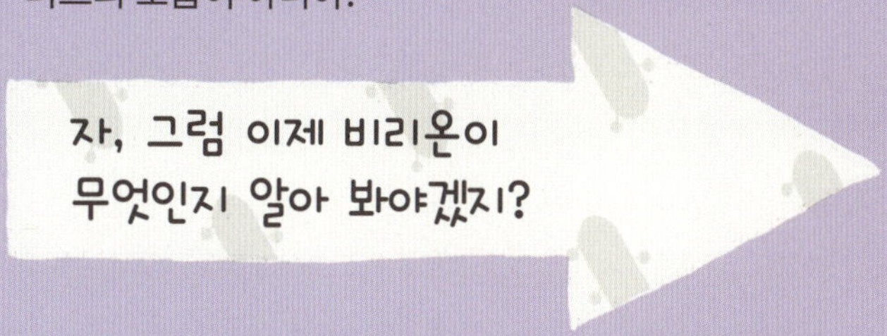

바이러스는 해커처럼 일한다. 세포를 통제하고
세포를 다시 프로그래밍하는 것이다.
목적은 단 하나! 복제본을 더 많이 만들기 위해서다.

비리온은 누구?

눈을 감고, 바다 위에서 둥둥 떠다니는 병을 상상해 봐. 그 병 안에는 쪽지가 한 장 들어있어. 쪽지에는 이런 메시지가 담겨 있지.

"너 같은 병을 최대한 많이 만들거라!"

복제하고 증식하라는 명령서야. 사실 이 쪽지는 RNA 또는 DNA라고 하는 유전 물질이야! 병은 이 유전 물질을 둘러싸고 있는 겉껍질(외피)을 말해.

진짜 중요한 점은 이 병을 발견한 상대는 반드시 쪽지의 명령에 따라야 한다는 거야.

뭐지? 알라딘의 요술램프 같잖아?

근데 이건 요술이 아니야. 비리온은 태어날 때부터 단 한 가지 목적만 있어. 나와 똑같은 녀석을 최대한 많이 만들겠다는 목적! 그래서 비리온은 보통 공이나 원통, 다리가 달린 뿔 같은 모습인데, 내부는 정말 단순한 구조를 갖고 있어.

비리온은 해커야!

해커에게는 필요한 것은 문을 열 수 있는 열쇠(암호) 아니겠니? 비리온은 뿔이나 점, 닻, 돌기, 다리 같은 도구를 열쇠로 이용하지. 비리온은 생명체와 접속하는 순간 바로 그 열쇠로 세포의 문을 열고 들어가.

또 한 가지 중요한 사실! 세포 속으로 들어간 비리온은 겉껍질은 물론 RNA 또는 DNA를 조각조각 분해해 버려. 이 유전물질 조각들은 곧장 세포의 효소와 리보솜을 몰래 이용해 미친듯이 자신을 복제하기 시작하는 거야. 복제하고 증식하라는 명령을 수행하는 거지. 드디어 살아나 움직이는 거야. 이게 진짜 바이러스의 본 모습이야.

근데 비리온은 왜 세포 속으로 침투하자마자 스스로를 분해하는 걸까?

똑같은 멜로디를 반복하는 교향곡처럼
바이러스의 복제는 끝도 없이 이어진다.

비리온의 4가지 모양

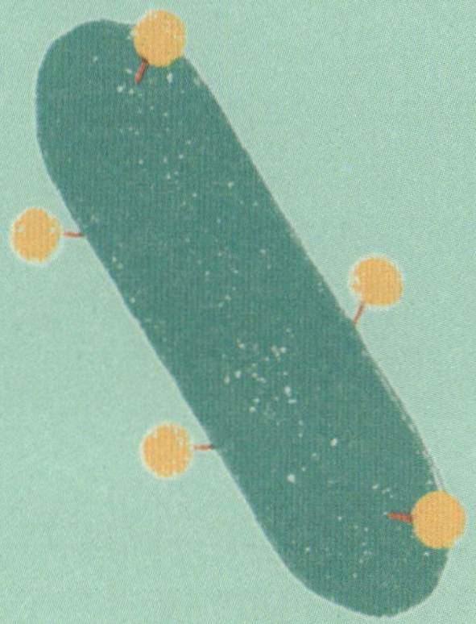

나선형 계단모양

정20면체 모양

지구를 둘러싼 대기처럼 외피가 있는 모양

기하학적 도형으로 표현할 수 없는 모양

표류하는 비리온

비리온이 자신을 분해하는 이유는 단순해. 세포의 저항을 최소화하면서, 세포에 찰싹 기생해 효소와 리보솜을 효과적으로 빼앗기 위해서야. 그래야 더 빨리, 더 많은 복제본을 만들 수 있거든. RNA 또는 DNA 조각은 순식간에 원래 모습으로 자라고, 껍질은 필요할 때 다시 쉽게 만들 수 있으니까. 정말 아무 문제없지!

비리온이 해적이나 맹수 같다고? 아, 그건 좀 지나친 얘기야! 비리온은 센서도, 추진력도, 방향타도 없어. 그냥 수백만 개가 하염없이 표류하다가, 우연히 생명체를 만나 열쇠를 열고 들어갔을 뿐이야.

비리온은 반드시 세포에 기생해야 살아날 수 있어. 세포 속에 들어가야만, **물질대사**를 해서 복제본을 생산할 수 있는 거야! 이게 바이러스의 진짜 모습이야. 바이러스는 세포가 죽을 때까지 복제본을 만들다가, 결국 세포 밖으로 빠져나오지. 다시 자신을 조립해 비리온으로 돌아오는 거야. 하지만 세포가 망가진 생명체는 병에 걸리게 돼. 용서할 수 없다고? 인간을 괴롭히니까 나쁘다고? 아니야! 그건 오해야!

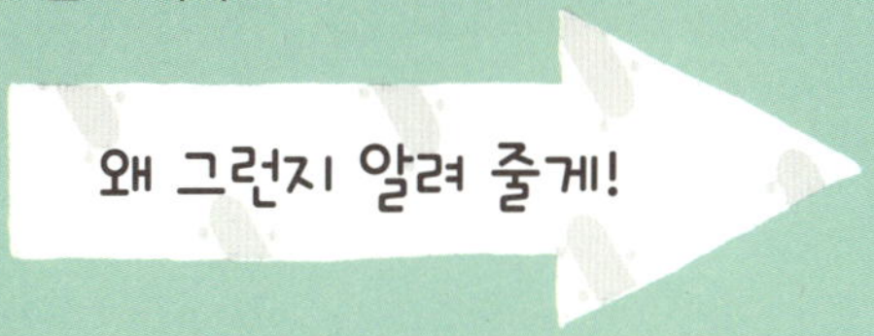

어리바리한 해커, 비리온

비리온은 해적이나 맹수 같은 무서운 존재가 아니야. 비리온의 열쇠가 모든 문을 다 열 수도 없어. 아예 자물쇠가 없는 문도 있거든! 이건 사실이야!

생명체의 세포는 생각보다 강력해.
세포는 비리온의 공격을 방어하는 두 가지 덫을 가지고 있어.
첫째, 세포는 비리온이 복제를 하지 못하도록 막을 수 있어.
비리온 입장에서는 애써 열쇠를 열고 침입했는데 훔쳐갈 만한 물건이 없는 거와 같지.
둘째, 더 강력한 덫도 있어. 세포가 비리온의 열쇠에 맞는 자물쇠를 가지고 있지 않는 경우야! 비리온의 접근을 아예 허용하지 않는 거지.
그럼 비리온의 열쇠 자체가 무용지물이 되겠지? 비리온이 얼마나 실망할까?
세포의 종류는 크게 세 가지로 나눌 수 있어.

- **비리온에 취약한 세포**
  비리온이 열 수 있는 자물쇠(수용체)를 가지고 있어.
  이런 세포는 허용하거나 허용하지 않는 세포로 다시 구분할 수 있어.
- **저항성이 있는 세포**
- **자물쇠가 없는 세포**

실패한 바이러스

비리온은 파도에 몸을 맡긴 게으른 서퍼 같아. 자기 스스로 파도를 타는 성격이 아니거든.
파도가 비리온을 해변 쪽으로 내던지면, 쾅! 단단한 벽에 부딪쳐서 좌절하는 녀석이 대부분이야. 근데 어떤 벽에는 조그만 구멍이 있네! 용케 그걸 발견한 녀석은 신이 나서 그 안으로 들어가지. 근데 이게 뭐야? 아무도 환영을 안 하네. 바보! 그건 허용하지 않는 세포야!
사실 이게 수많은 비리온들의 운명이지.
내 입장에서는 조금 슬퍼.
비리온이 들어갈 수 있는 세포는 오직 **허용하는 세포**뿐이거든. 그런 세포를 찾는다는 건 엄청난 행운이지! 그럼 어리바리 비리온에게도 눈부신 **순간**이 다가오는 거야. 마치 싱크로나이즈드 스위밍 팀의 코치가 되어 팀원들에게 원하는 동작을 지시할 때처럼! 비리온은 아주 신이 나서 미친듯이 자기 복제를 시작하겠지.
근데 그렇게 쫓기듯이 일을 하면, 당연히 실수가 나올 거 아니니? 애써 만든 인플루엔자바이러스 복제본 50개 중에서 겨우 20개만 감염성이 있대. 나머지는 오류가 나서 쓸 수 없어. 유두종바이러스 복제본은 1만 개 중에서 겨우 1개만 감염성이 있어.
아, 이게 뭐야? 죽도록 고생만 한 거잖아.

돌연변이

돌연변이라는 말 알지? 어리바리 비리온은 하루에도 수백만 번 돌연변이를 만들어내고 있어. 제대로 된 복제본을 만들지 못하고 오류만 반복하는 거지. 하지만 어느 순간 그래도 하나쯤은 성공하지 않겠어? 그래서 비리온은 멍청한 실수투성이지만, 끈질기게 도전한 덕분에 살아남게 됐대.
우리 바이러스가 거의 무적의 존재로 우뚝 선 이유는 이처럼 실패를 두려워하지 않았기 때문이야. 우리 바이러스가 바다를 지배하게 된 것도 이런 끈질김 덕분이지.

Chapter 2

바다의 지배자, 파지 …지구를 운영하다

생태계에서 공생 관계는 굉장히 중요해.
고래는 왜 설사를 할까? 고래가 설사를 하면 무슨 일이 일어날까? 지구의 날씨는 누가 조절할까?
우리 바이러스의 엄청난 능력에 대해서 알려줄게.

상호주의는 두 종류 이상의 존재가 각각 이익을 얻기 위해 서로 돕는 거야. 상리공생이라고도 하지. 공생은 두 종류 이상의 존재가 서로 밀접한 관계를 맺고 살아간다는 의미야.

인간은 장내 박테리아와 상리공생하고 있어. 인간의 장 속에 박테리아가 살지 않았다면, 너는 지금 먹고 있는 음식의 절반도 먹지 못했을 걸. 소화 능력이 부족했을 테니까. 박테리아도 따스한 집과 음식을 얻어서 만족하고.
벌통에서 키우는 꿀벌과의 관계도 마찬가지야. 인간은 꿀을 얻기 위해 꿀벌을 열심히 돌보고 있어.

위험한 관계 또는 그 반대

진딧물과 덴소바이러스는 **상리공생** 관계야.
서로 도움을 주고받으며 원하는 걸 얻는 관계지.
진딧물 입장에선 개체수가 증가하면 먹이를 나눠 먹는 일이 고달파져. 그때 덴소바이러스의 도움을 받지. 진딧물이 바이러스에 감염되면 날개가 돋아나는데, 이게 개체 수를 분산시킬 수 있도록 해주는 거야. 덴소바이러스는 날개 달린 진딧물을 이용해 바이러스를 더 넓게 전파시킬 수 있고. 신기하지?

기생은 상대를 이용하고 해치는 적대적 관계야.

편리공생은 어느 한 쪽이 이득을 취하지만, 다른 쪽에는 해를 끼치지 않는 관계지. 인간 세포에 살고 있는 미토콘드리아는 원래 독립적인 생명체였지만, 지금은 인간 몸속에서만 살 수 있어. 인간은 에너지를 만들어주는 미토콘드리아 없이는 살 수 없고. 인간과 미토콘드리아는 서로 이득을 주고받는 **상리공생** 관계지. 진딧물과 덴소바이러스처럼!

날개를 달아주는 바이러스

사과나무 이파리에 있는 귀여운 곤충들 보이지? 맞아, 진딧물이야! 보통 **장미빛 사과 진딧물**이라고 부르지. 진딧물은 식물에서 달콤한 수액을 빨아먹으면서 살아. 근데 왜 진딧물의 모습이 서로 다를까? 날개가 달린 녀석들도 있어. 각각 종류가 다른 걸까?

선의의 감염

한 쪽은 날개가 있고 다른 쪽은 날개가 없어. 좀 더 자세히 살펴봐.

이제 보이지? 날개 달린 진딧물은 다른 녀석들보다 몸집이 작아. 다른 종일까? 그렇지 않아! 같은 종이야. 근데 날개 없는 녀석들은 촘촘히 모여서 경쟁하듯 먹고 있어. 날개 달린 녀석들은 마치 고급 레스토랑에 온 것처럼 날개를 펴고 먹는데. 식탁의 크기가 다른 게 보이지? 바이러스에 감염된 녀석들이 더 행복해 보이네.

정말 재미있지?

덴소바이러스에 감염된 곤충은 날 수 있다는 거! 바이러스가 날개를 달아준다는 거잖아?

끝없이 이어지는 이야기

진딧물 숫자가 너무 늘어나서 나뭇가지와 잎을 가득 채우면 당장 먹을 게 부족해지지만 그들은 다른 나무로 쉽게 이사를 갈 수가 없어. 날개가 없기 때문에 먼 길을 이동하는 게 어렵지.

근데 덴소바이러스에 감염되면 날개가 생겨서 다른 나무로 이동을 할 수 있어. 물론 바이러스의 영향으로 번식 속도가 확 줄기는 해. 하지만 먹이 걱정을 안 한다는 게 어디야? 바이러스에 깊이 감염된 건 아니어서, 날개 달린 진딧물도 새끼는 낳을 수 있어. 근데 조금 작은 녀석들이지. 신기한 건, 이 새끼들은 번식에 아무런 문제가 없다는 거야. 금방 또 개체수가 폭발적으로 늘어나게 돼. 그럼 덴소바이러스는 다시 진딧물들을 감염시키고……. 이렇게 계속 서로 이익을 주고받으면서 돌고 도는 관계야. 양쪽 다 승리하는 관계지!

파지의 발견

창조적 분노

우리 바이러스를 질병 치료에 사용할 수 있다는 거 아니? 약 120년 전에는 바이러스가 존재한다는 것조차 몰랐기 때문에, 아무도 그런 생각을 하지 못했대.

펠릭스 데렐이라는 미생물학자가 있었어. 그는 20세기 초 과테말라에서 황열병과 말라리아를 연구하고 있었어. 그는 여가 생활로 바나나로 위스키를 만드는 실험을 하고 있었지. 근데 계속 실패!

1909년, 멕시코 유카탄에서는 술 만들기에 성공했어. 이번에는 바나나가 아니라 용설란과 식물인 사이잘을 사용했지. 하지만 메뚜기 떼가 사이잘 밭을 초토화시켜 버렸어. 술의 재료를 다 먹어 치운 거지. 데렐은 크게 분노했어. 이제 그는 술이 아니라 메뚜기를 없애기 위한 연구를 시작했어. 결국 그는 메뚜기를 병들게 하는 박테리아를 발견했지.

데렐은 제1차 세계대전에 참전했어. 전쟁터는 무기 때문에 죽는 사람보다 질병으로 죽는 병사가 더 많았어. 그는 질병 자체에 질병이 있을 수 있다는 아주 참신한 생각을 했어. 1917년, 이질 환자의 대변에서 **세균을 잡아먹는 바이러스**를 발견하고 그것을 **박테리오파지**라는 이름으로 발표했지. **박테리오는 세균이란 뜻이고, 파지는 먹는다는 뜻이야.** 보통 그냥 간단하게 줄여서 **파지**라고 해.

이질

아메바나 박테리아에 의해 발생하는 장 질환.
하수도 시설이 없거나 깨끗한 식수를 공급받지 못하는 곳에서 발생해.
설사가 주요 증상이야.

펠릭스 데렐은 사이잘 밭을 망친 메뚜기 떼에 분노했다.
"저 녀석들 다 없애 버리고 말거야!"

파지 치료법의 탄생

전쟁이 끝난 후, 데렐은 닭 똥에서 얻은 박테리오파지로 닭의 발진티푸스를 치료했어. 드디어 **파지 치료법**이 탄생한 거야.
근데 사람들은 그의 아이디어를 무시했어.
인간에게 적용하는 것에 대해 거부감이 있었던 거지.
몇몇 과학자들은 파지가 데렐의 발명품이라면서 조롱했어.
그는 모보수로 일하던 프랑스 파스퇴르 연구소에서도 쫓겨났대. 얼마나 억울했을까?

20여 년이 흘러서야

데렐은 이집트와 인도, 미국, 러시아를 돌면서 연구를 이어갔어.
데렐이 파지를 발견한 지 20여 년이 지난 1939년, 파지가 처음으로 세상에 모습을 드러냈어. 사진 속 파지를 본 사람들이 그제야 데렐의 말이 옳다는 것을 인정했지.
그러나 바다가 파지의 천국이라는 사실은, 위대한 데렐조차 상상하지 못했어!

비리온들의 천국

비리온은 바다에서 둥둥 떠다니는 병 같은 녀석인데, 병 안에 명령서가 담겨 있다고 했지? 파지는 진짜 말 그대로 바다에서 둥둥 떠다니고 있었어. 워낙 개성이 강한 녀석들이니까 혹시 거꾸로 서서 떠다니지 않았을까?

하하, 농담!

1986년쯤에는 사람들도 공기 중에 바이러스가 섞여 있다는 것을 알았어. 근데 바닷물 속에도 바이러스가 살고 있다고?

바다에 산다면, 대체 거기서 무슨 일을 하는 걸까? 감염시킬 인간도 없는데! 도시 하수구에서 흘러나온 오염수가 바다로 모이니까 거기서 살게 된 걸까?

사람들은 고개를 갸우뚱했어.

바닷물 속 바이러스

1986년 뉴욕주립대학교 학생인 리타 프록터는 아주 엉뚱한 생각을 했어. 바닷물에서 바이러스를 찾아볼 생각을 한 거지. 그녀는 대서양 한가운데에 있는 사르가소해로 갔어. 거기에는 해조류인 모자반이 잔뜩 떠다니고 있었지.

그녀가 모자반 사이에서 채집한 바닷물은 표본 1L당 무려 100억 개의 비리온이 살고 있었어! 바닷물에는 파지가 진짜 우글우글했지! 박테리아를 잡아먹는 바이러스가 가득했던 거야! 정말 놀랍지?

파지와 박테리아의 끝나지 않는 싸움

리타 프록터의 발견은 큰 의미가 있어. 파지를 발견한 것도 대단하지만, 더 위대한 발견은 따로 있지!
지구 생명의 역사에서 가장 긴밀하고 중요한 관계가 지금껏 아무도 눈치채지 못한 채 계속 일어나고 있었다는 사실이야!
수십억 년 동안 바다에서 파지와 박테리아가 서로 치열하게 경쟁하고 있다는 게 왜 그렇게 중요한 발견이었을까? 파지는 박테리아를 감염시켜서 죽이잖아? 즉 우리 바이러스가 박테리아의 수와 다양성을 조절하는 역할을 하는 거라는 말이지. 바이러스가 생태계의 균형을 유지해주는 거라는 얘기야. 또한 파지가 박테리아를 분해하면, 다른 미생물이나 생명체가 사용할 수 있는 물질로 전환이 되거든. 즉 바이러스가 생태계의 물질 순환을 돕기도 한다는 거야. 이렇게 중요한 사실을 그동안 아무도 몰랐던 거지. 1986년, 리타 프록터가 파지를 발견하기 전까지는!

칼리시바이러스와 고래 사이에 생긴 일을 얘기해 줄게. 너무 재밌어서 빨리 얘기해 주고 싶어!

리타 프록터는 사르가소해에서 바닷물을 채집했다.
그녀는 세계 최초로 바닷물에서 파지를 발견한 과학자이다.

고래의 설사

가장 조그만 녀석이 가장 힘세다고?

고래는 아마 칼리시바이러스가 없었다면, 행복하게 살았을 거야. 근데 이게 무슨 운명의 장난이냐고? 고래 곁에는 장난꾸러기 칼리시바이러스가 살고 있었어. 고래가 칼리시바이러스에 감염되면 하루에 수도 없이 설사를 하게 돼.

빌딩만큼 어마어마하게 큰 고래가 세상에서 가장 작은 바이러스 때문에 고통스럽게 몸부림치는 모습을 상상해 봐. 배 아픈 것도 문제지만, 설사가 얼마나 귀찮은 거냐고?

35톤의 꼬마 회색 고래조차 하루에 설사로 무려 100조 개의 비리온을 쏟아낸다고 해. 믿을 수 있니? 고래 똥 속에 그 많은 수의 비리온이 들어있다는 게 놀라워. 진짜 말도 안돼! 이건 뭐 고래가 아니고, 바이러스를 복사해내는 기계잖아?

향유고래의 토사물

수컷 향유고래는 먹은 것을 토해 내는 걸로 유명해. 소화시키지 못한 먹이를 담즙과 함께 토해내는데, 썩은 냄새가 진동을 하지. 근데 이 토사물을 알코올로 녹이면 용연향을 얻을 수 있어. 용연향은 향수의 원료가 되는 아주 값비싼 물질이야.

바다에는 왜 이렇게 바이러스가 많을까?

칼리시바이러스는 바닷물이 섭씨 15도일 때, 보통 14일 동안 전염을 시킬 수 있어. 바다가 한없이 넓긴 하지만, 이 기간 동안 칼리시바이러스가 고래를 한 마리도 못 만날 확률은 거의 0%야. 어디 고래뿐이겠어? 물개와 바다사자, 홍합, 굴, 조개, 새우 같은 것들도 매일 마주치겠지. 칼리시바이러스가 감염시킬 생명체들은 널려 있어.
칼리시바이러스에 감염된 생선을 먹은 인간들도 절대로 안전하지 않지.
누군가는 하루 종일 화장실로 달려가야 할걸.

칼리시바이러스

매우 고약한 바이러스야. 고양이와 고래, 돼지, 닭, 심지어 인간에게도 영향을 끼쳐.
오염된 바다 생선을 먹은 인간은 설사 때문에 정신이 하나도 없을걸.

근데 바이러스와 고래 사이의 이런 관계는 둘의 관계로 끝나는 게 아니야. 그것은 지구에 사는 모든 생명체한테 엄청난 영향을 끼치고 있어.
어디 한번 살펴볼까?

지구, 데이지의 행성

인간들은 세상이 수천, 수만 개의 서랍이 달린 책상처럼 상상하곤 해. 그 서랍 마다 식물, 동물, 박테리아, 화성의 극관, 해류 등등 모든 게 따로따로 들어가 있다고 생각하지. 인간은 생명체와 물질을 따로 분리해서 생각하거든.

하지만 **생태학자**들은, 생물과 환경의 관계를 연구하는 과학자들은 모든 것이 다 서로 연결돼 있다고 주장해. 그러면서 환경이 생명체에 영향을 주는 거라고 말하지.

근데 최근 생명체가 지구를 변화시켜서 점점 더 그들에게 적합한 환경을 만든다는 연구결과가 나왔어. 과학자인 제임스 러브록과 앤드류 왓슨의 데이지월드 실험은 세상을 깜짝 놀라게 했지. 그동안의 믿음을 정면으로 부정하는 이야기였거든.

태양을 길들인 데이지

지구에 검은 꽃을 피우는 데이지와 흰 꽃을 피우는 데이지, 딱 두 종류의 생명체만 있다고 상상해 봐. 검은색은 빛을 흡수하고, 흰색은 빛을 반사한다는 걸 꼭 기억해!
자, 이제 이 두 가지 데이지로 덮인 지구가 태양 주위를 돌기 시작해. 시간이 지남에 따라 햇빛은 점점 더 강해질 거야. 그러나 지구는 아직 추운 상태야.
햇빛이 서서히 지구를 데워주기 시작해. 근데 아직은 그리 빛이 강하지 않아. 빛을 반사하는 흰색 데이지는 추위를 견디다 못해 얼어 죽고 있지. 이대로 가다가는 멸종될 판이야. 반면 검은색 데이지는 쑥쑥 피어나고 있어. 빛과 열을 열심히 흡수하면서 피어나.
햇빛이 강해질수록 검은색 데이지가 점점 더 많이 피어나. 그럼 이제 지구에는 검은색 데이지만 남는 걸까?
여기서 반전! 검은색 데이지가 한껏 열을 저장하자, 지구가 점점 뜨거워지고 있어! 이대로 가다간 지구가 끓어오를지도 몰라. 그러자 몇 송이 남지 않은 흰색 데이지가 기지개를 켜기 시작해! 지구가 추웠을 때 많이 얼어 죽었는데, 지구가 뜨거워지니까 빛을 반사하려고 맹렬하게 다시 피어나는 거야. 어느 순간 양쪽 데이지 숫자는 거의 균형을 맞추게 되지.
햇빛은 매일매일 더 강해져. 시간이 흐를수록 흰색 데이지는 점점 더 늘어나고 검은색 데이지는 점점 더 줄어들어. 검은색 데이지는 너무 센 빛과 열을 견디지 못하기 때문이야. 그럼 검은색 데이지는 이대로 멸종되는 걸까?
어느 날 아침 눈을 뜨니, 지구는 온통 흰색 데이지 꽃밭이야! 이젠 햇빛이 약해지든 강해지든 아무 상관이 없어. 흰색 데이지들이 지구의 온도를 일정하게 유지하는 중이니까. 태양을 길들인 데이지의 이야기야.

제임스 러브록과 앤드류 왓슨의 데이지월드 실험은 생물권이 가진 균형의 힘을 보여준다.

지구 온도를 조절하는 일

데이지월드는 과학자인 제임스 러브록과 앤드류 왓슨이 발명했어. 두 과학자는 생명체가 어떻게 자신에게 유리한 환경을 만드는지를 증명했지.

근데 너 그거 아니? 실제 지구에서는 데이지가 아니라 우리 바이러스가 온도를 조절해 주고 있다는 거! 더 정확히 얘기하자면, 사실 박테리아도 우리 일을 조금 거들어 주긴 해. 하여튼 바이러스와 박테리아가 지구가 얼거나 끓어오르지 않도록 애를 쓰고 있다고! 데이지처럼!

우리가 어떤 일을 하냐고?

바다에 사는 위대한 친구, 파지가 바로 지구를 수호하는 영웅이야! 그는 매일 바닷속 박테리아의 20~40%를 파괴하고, **식물성 플랑크톤(미세 조류)의 양을 조절해.** 바닷속 먹이 사슬을 정상적으로 유지하는 일을 하고 있지.

바이러스는 구름을 만들어 지구의 온도를 조절한다.

생태계에서 함부로 생명체를 제거하면, 그곳은 사람이 살 수 없는 곳으로 변한다.

바이러스는 엔지니어

우리 바이러스는 구름을 만드는 일에 진심이야. 구름은 지구 온도 조절에 아주 중요하거든. 시원한 비를 뿌려주고, 강한 햇빛을 막아 지구가 너무 뜨거워지는 걸 막아주기 때문이지.

구름을 어떻게 만드느냐고? 바이러스에 감염된 해조류가 죽으면, 해조류 껍데기에서 수증기보다 훨씬 작은 물방울들이 생겨. 일종의 천연 에어로졸인데, 이것은 파도가 칠 때마다 하늘 높이 솟구쳐 올라가. 구름은 바로 이 작은 물방울들이 모여서 만들어지는 거야.

근데 이게 끝이 아니야! 우리는 공기 중에 있는 805기가톤의 온실가스(CO2) 중에서 무려 20%를 매년 우주로 돌려보내고 있어. 바로 우리 바이러스가! 지구온난화를 일으키는 주범, 온실가스가 얼마나 해로운지 너도 잘 알지?

근데 나쁜 사람들이 있어. 우리 바이러스가 하는 일을 방해하는 사람들! 눈 앞의 이익 때문에 바다를 끓는 냄비로 만드는 사람들이지. 그 사람들 때문에 우리는 점점 더 구름 만들기가 힘들어지는 중이야. 진짜 이 사람들, 어떻게 교육 좀 시켜야 할 거 같지 않아?

인간이 지구의 주인이라고?
인간은 사실 별종 바이러스일지도 몰라.
제발 지구를 존중해 줘. 지구는 바이러스에게도 아주 중요한 터전이라고!

Chapter 3

생명과 바이러스의 기원

이제 나, 쿠엔투와 함께 세포와 바이러스가 공통으로 가지고 있는 유전물질 RNA에 대해서 알아볼 차례야.
그런데 넌 생명체의 조상이 누구인지 궁금하지 않니?
내가 너희를 위해 특별한 프로그램을 준비했어.

안녕, 친구들! 내 프로그램에 온 걸 환영해. 난 오늘 비밀스럽고 신비한 RNA의 세계에 대해 알려줄 거야. 근데 좀 아쉬운 소식이 있어. 멋쟁이 아이돌, 루카가 이 프로그램에 참석하지 않겠다고 알려왔어. 뭐 나도 루카를 섭외하는 게 쉽진 않을 거로 생각했지만, 그래도 조금은 기대했거든. 루카야, 언제든 마음이 바뀌면 연락해 줘. 언제나 마음을 열고 기다릴게.

가장 최초의 할아버지

아이돌 루카가 누군지 궁금하지? 루카는 Last Universal Common Ancestor (LUCA), 우리 바이러스를 제외한 모든 생명체의 공통 조상이야. 모든 생명체의 슈퍼 증조부, 가장 최초의 할아버지, 지구 역사상 가장 중요한 인물이지. 근데 루카는 다리와 눈, 뇌, 속눈썹도 없어. 근데 아이돌이라고? 왜 그럴까? 루카가 존재하지 않았다면, 너희 인간들은 물론 지구의 생명체들 모두 태어날 수 없었을 테니까. 즉 루카는 특정한 생물종이 아니라 모든 생명체 그룹의 조상이야. 생명체들의 DNA와 RNA, 단백질 합성과 같은 핵심적인 생물학적 경로를 공유하는 슈퍼 증조부지.
루카를 알고 있는 사람 중 몇몇은 지구가 생긴 다음 수억 년이 지나서야 그가 태어났다고 말해. 지구가 생겼을 때부터 태어난 게 아니라는 거지. 근데 이건 틀렸어! 루카는 그 옛날부터 지금까지 광적인 팬들을 피해 지하 깊은 곳, 초고온 층에서 홀로 노래를 부르고 있거든.

쿠엔투와 프로제노트는
생명체의 슈퍼 증조부가
어떻게 태어났는지
똑똑히 기억하고 있어.

프로제노트가 탄생한 후 시간이 흐르면서,
진화의 과정을 거쳐 루카가 태어났다.
프로제노트는 루카와 달리 유전 정보와
단백질 합성 등이 완벽하지 않았던 매우
원시적인 초기 생명체이다.

모두가 한 가족

루카가 어떻게 조상의 조상인지 알 수 있을까? 인간은 동물계에 속하니까 곰팡이인 진균류와 사촌이야. 동물이 곰팡이의 사촌인 거 몰랐다고? 어처구니없다고?
근데 이건 사실이야.
참, 프로그램을 시작하기 전에
진심으로 후원해 준 특별한 손님을 한 분 소개할게. 바로 루카의 조부모 중 한 분인 프로제노트! 그분은 오늘 우리가 탐험할 RNA 세계에서 오셨어. 자, 프로제노트님께 박수!
그럼 준비한 프로그램을 보여줄게!
감독님, 얼른 시작해 주세요!

세상 이전의 세상

RNA 세계1에서는 모든 생물의 공통 조상인 루카가 있었고, 또 그의 조상인 프로제노트도 있었어. 프로제노트와 루카는 지금의 지구와는 다른 원시 지구에서 살았다는 이야기야. 산소가 없는 지구를 상상해 봐. 그때 지구는 밤낮도 없고 추위나 더위, 먹거나 먹히는 문제도 없었어. 달이 바닷물을 끌어당겨 영향을 끼치는 일 따위도 없었어. 거긴 **누군가**가 없었지. 당연히 박테리아나 세포, 바이러스도 없었어.

분자는 살아있는 배터리야!

분자는 스스로 형태를 바꿔서 에너지를 운반하거나 저장할 수 있어. 분자는 살아있는 배터리 같은 거야!
그런데 분자는 다른 분자와 결합하면, 훨씬 더 안정적인 상태가 돼. 레고 두 조각이 딱 들어맞았을 때처럼!

RNA의 탄생

원시 지구는 산 것도 아니지만 죽은 것도 아닌 이상한 행성이었어.
상상하기 힘들다고? 그래도 한 번 상상해 봐! 넌 상상력을 자랑하는 인간이잖아.
지구의 원시 바다에는 다양한 종류의 **분자**, 즉 원자로 이루어진 작은 물질들이 있었어. 그것들은 그냥 거기에 있으면서 온도와 자외선, 우주 광선 등의 영향을 받아 스스로 모였다가 흩어지곤 했지. 에너지에 영향을 받고 있었던 거야. 에너지에 의해 생성되고 소멸되는 상태가 지속되고 있었지. 이 행성은 시간이라는 개념이 없었어. 그것들은 내일이 없는 영원한 현재에 살고 있었어.
그런데 어느 날 밤 RNA 분자가 형성되기 시작했어!

생명체가 존재하기 이전 세계에도
이미 역동적으로 무장하고 해제하면서,
에너지를 저장하는 분자들이 있었다.

반으로 자른 사다리

RNA는 무엇일까? RNA는 특별한 모양을 통해 정보를 저장하는 분자인데, 스스로 복제하는 능력이 있어. 생물학자들은 이걸 **자기복제**라고 해.

RNA의 모양을 한번 상상해 봐. RNA는 모양이 가장 중요하니까, 잘 기억해 둬.

먼저 톱으로 사다리를 반으로 잘라. 사다리가 세로로 길게 두 조각이 날 거야. 반쪽 사다리가 두 개 생겼지? 그럼 반쪽 사다리를 하나씩 잡고 힘껏 비틀어 봐. 고무로 만든 사다리라고 생각하면서…….

나머지 반쪽 사다리도 그렇게 만들어 봐.

곱슬머리처럼 비틀린 두 가닥은 각각 리보스와 인산염이야. 반쪽으로 잘린 계단들은 각각 아데닌과 구아닌, 사이토신, 우라실이야!

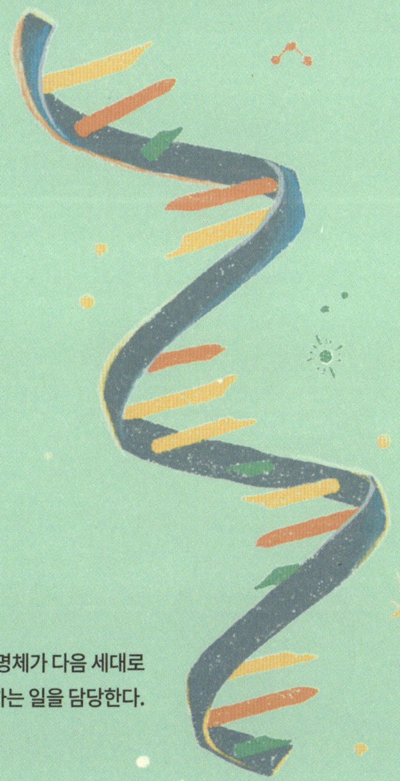

RNA는 생명체가 다음 세대로 정보를 전달하는 일을 담당한다.

반으로 자른 계단을 뉴클레오타이드, 반쪽 사다리 전체를 **리보뉴클레오타이드**라고 해. 리보핵산Ribo Nucleic Acid을 **RNA**라고 줄여서 부르는 거야. 아, 근데 이 이상한 이름 따위는 까먹어도 괜찮아. 중요한 것은 RNA가 매우 특별한 능력을 갖추고 있다는 거지. 스스로 자란다는 점이야!

RNA 세계의 바다는 상호 작용하는 분자로 가득 차 있었어. 그들은 서로 결합하고 통합하는 에너지가 풍부했지. 마치 바닷속 철물점 같았어. 망치와 드릴, 못 등이 가득한 수백만 개의 철물점이 빼곡히 들어찬 모습을 상상해 봐.

어느 순간 가장 단순하지만 중요한 생명의 출현을 위한 무대가 점점 완성되고 있었어.

준비……출발!

RNA 세계 2

근데 갑자기 엄청난 사건이 터졌어. 어디선가 RNA 분자를 자르는 무시무시한 가위가 나타난 거야. 길게 자라난 분자를 싹둑싹둑 자르는 가위!
무척 당황스럽지? 가위라니!

공원에서 신나게 놀고 있는데, 갑자기 날아온 새들이 부리로 머리를 마구 쪼아대는 상황과 비슷하잖아? 대머리가 되지 않으려면 멀리 달아나야 하는데 그게 쉽지 않지. 머리카락을 모두 잃게 될 위기야! 아, 어떡하지?

바로 이런 상황에, RNA 분자에게 구원자가 나타났어. 새에 쫓기면서 냅다 달리고 있는데, 마시기만 하면 머리카락이 쑥쑥 자라는 음료를 누군가 손에 쥐어준 것처럼!

가위가 분자를 잘라내도, 금방 다른 쪽 끝에서 다시 자라는 능력이 생긴 거야. 생명의 위협을 느끼는 위기 상황에서 RNA는 자기를 복제하는 신비한 능력을 얻었어.
너도 달리기 시합 전에 연습하잖아. 그런 것처럼 이 사건은 RNA를 단련하는 훈련이었던 것 같아.

자라나는 분자

RNA는 자기복제를 하고 복구하기도 해. 다른 분자와 간단한 화학 반응도 일으키는데, 이것을 **촉매작용**이라고 해.
또 단백질을 생산하거나 단백질을 만들어내는 원소를 만들 수도 있어.

화학 또는 에너지 가위(새)는 복잡한 분자(머리카락)를 절단하지만, 스스로 복구할 (머리카락이 빠르게 자라는 음료) 수 있다.

진화가 시작되다

만화나 애니메이션을 보면, 동시에 모든 것이 만들어졌다가 파괴되는 장면을 볼 수 있어. 무척 혼란스러운 상황이지. 대혼돈 상황! 바로 RNA 세계가 그랬어.
그런 상황 속에서, 가위를 극복한 분자들은 새로운 단계로 진입하게 돼. 그들이 스스로를 복제할 수 있었기 때문에 가능했던 일이지.

약 40억 년 전, 그들은 이 소중한 복제술을 후손에게 물려주게 돼. 이제 진화가 곧 시작될 예정이야!

원래 RNA는 작은 지방 덩어리 또는 미세한 공과 공존하면서, 수프 위에 뜬 기름처럼 얇은 막 같은 것을 형성하고 있었어. 이 막은 매우 원시적이어서, 한쪽 끝은 물을 좋아하고 다른 쪽 끝은 지방을 좋아하는 성질을 가지고 있었지. 싫어하는 물이나 지방을 만나면 그때마다 자동으로 막이 닫히게 되니까, 점차 이중층이 생겼어. 이것을 **리포솜**이라고 해.

→ 스스로 복제하는 RNA
→ 그 주위를 떠도는 막
→ 때때로 형성되기도 하고, 그렇지 않기도 한 예비 단백질과 단백질들

이 모든 요소가 다 함께 모여서 뭔가를 기다리고 있었어. 어느 순간 갑자기 극적인 사건이 빵 터지기를! RNA의 일부는 리포솜에 들어가 있었고, 일부는 스스로 만든 단백질에 둘러싸여 있었어!
그러다가 두두두두 둥!

가장 단순하지만 중요한,
원시 세포 **프로토셀**이 탄생했어!
세포? 세포라니!

생명이 처음으로 태어난 거야!

알몸으로 살아남은 바이로이드

RNA 세계는 스스로를 복제하는 작은 것들로 가득 차 있었어. 근데 이제 **집**(껍질)을 조립하기 시작한 거야. 진화를 시작한 거지. 그 결과가 프로토셀이야!

하지만 집 없이 알몸으로 남아 있는 녀석들도 있었어. 이 녀석들을 **바이로이드**라고 불러. 바이로이드는 원시적이어서 현재 우리 바이러스와 관련이 없을 거 같지만, 지금 네가 먹고 있는 사과를 한 번 자세히 들여다봐. 사과에 있는 작은 반점들 보이지?

에이, 그럴 리 없다고? RNA 반쪽 사다리가 지금까지 살아남았을 리 없다고? 아니야. 바이로이드는 원시 RNA 세계의 유물이지만, 지금도 거의 유일하게 살아남은 녀석들이야.

단백질 없는 RNA 반쪽 사다리, 즉 바이로이드는 식물에 기생해서 열매를 작게 만들거나 기형을 만드는 장난을 치고 있지.

위대한 상속자

1971년 테오도르 오토 디너는 지구보다 훨씬 더 나이가 많은 바이로이드를 발견했어. 당시 인간이 알고 있던 가장 작은 바이러스보다 1/8 정도 작았지. 테오도르는 그것에게 바이로이드라는 귀여운 이름을 붙여줬어.

RNA 세계에는 사과나 감자 같은 것이 있을 리 없잖아? 그런데도 이 바이로이드는 원시 세포의 초기 형태로 지금까지 용케 살아남았어. 동식물 같은 생명체의 등장으로 지구가 엄청나게 변화했는데도 적응하면서 살아남은 거야.

그러니까 네가 사과에서 발견한 바이로이드는 원시 바이로이드의 위대한 상속자야. 그 상속자는 아직도 원시세포 고유의 특성을 가지고 있지. 섭씨 30도 이상의 고온에서 훨씬 더 활발하게 활동하거든. 이런 환경이 자기가 태어난 생명체 이전의 환경과 더 비슷하기 때문이야.

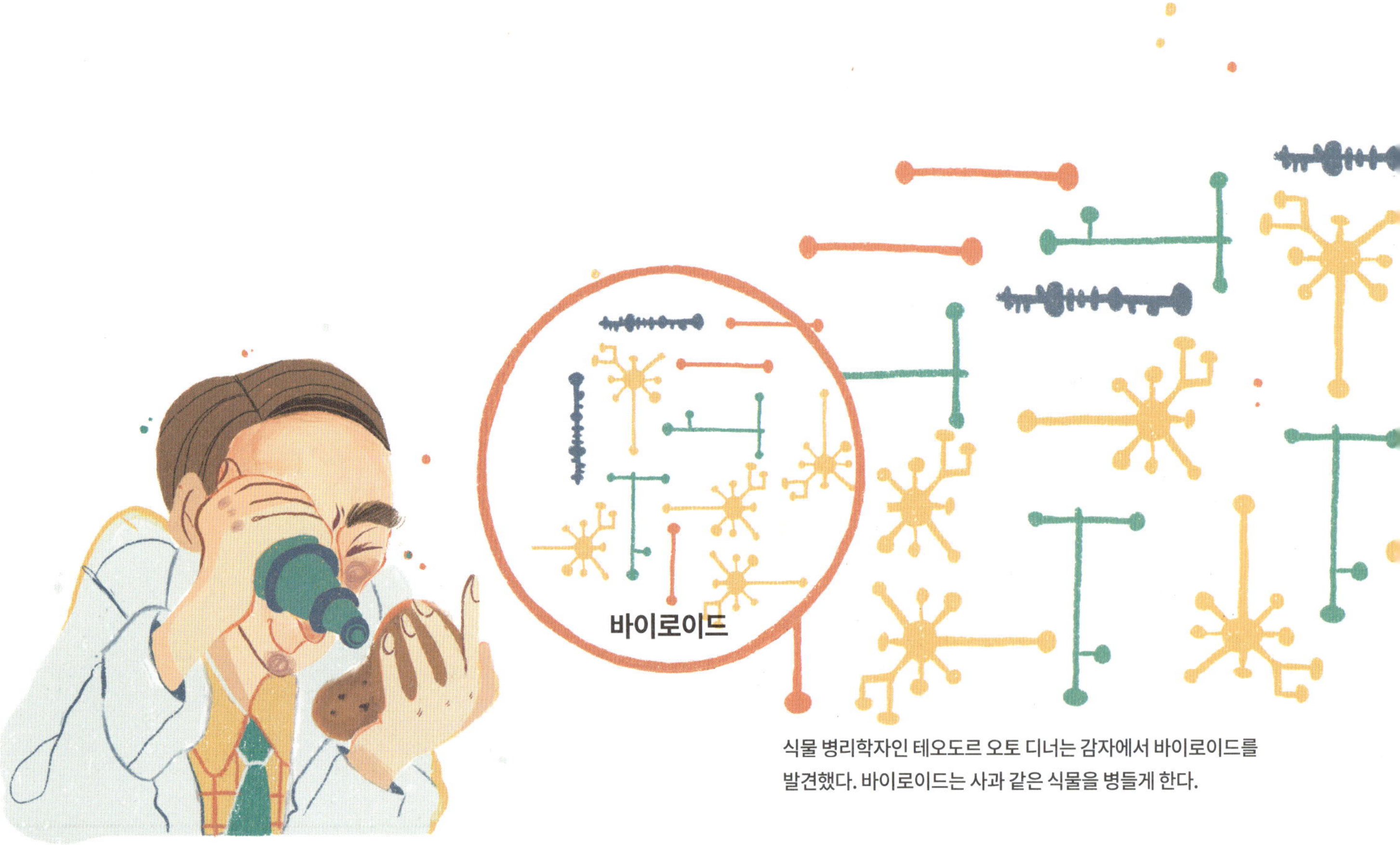

식물 병리학자인 테오도르 오토 디너는 감자에서 바이로이드를 발견했다. 바이로이드는 사과 같은 식물을 병들게 한다.

지구를 점령한 인간

왜 모든 것이 점점 변화했을까?
데이지월드가 증명한 것처럼, 생명체가 행성을 **점령**하면 그들이 행성의 환경을 변화시키지. 그래서 오늘날 지구는 RNA 세계의 지구와는 전혀 다른 행성이 됐어.

지구를 점령한 인간이 다른 생명체가 출현할 수 있는 조건을 막는다고 말할 수도 있어. 인간이 흰색 데이지가 된 상황이어서, 새로운 생명체가 등장하는 건 매우 어렵다고 볼 수 있지.

하지만 중요한 사실이 있어. 오늘날 인간들은 서로 빠르게 섞이고 있다는 거야. 인간은 유전 세포를 만드는 가장 원시적인 비바이러스 생명체인 프로토셀의 친척이자 상속자잖아? 시간이 흐를수록 인간의 후손은 점점 더 다양한 모습으로 나타날 거야.

이것으로 RNA 다큐멘터리는 끝났어

짧은 여행이었지만, 이제 넌 많은 것을 알게 됐을 거야. 바이러스와 세포는 각각 독립적인 존재지만, 둘 다 반쪽 사다리인 RNA를 가지고 있다는 걸 알게 됐지!
근데 반쪽 사다리가 다른 반쪽 사다리와 합치면, 더 잘 번식할 수 있다는 것도 알았으면 해. 완전한 사다리가 되면, 더 많은 세포를 만들어 유기적인 정보를 저장할 수 있기 때문이지. 이 완전한 사다리를 **DNA**(**데옥시리보핵산**)라고 부른다는 것도 꼭 기억해. 생명체에게는 가장 중요한 유전 물질이니까. DNA는 염색체의 주성분으로, 유전 정보를 염기 서열로 암호화해 저장하고 있어. 이것이 RNA 세계에서는 상상도 못 했던 성性을 창조하게 돼. 성은 생명체에게 다양성을 주고 환경에 잘 적응할 수 있게 해주는 가장 효과적인 방법이야.

세포가 바이러스의 아버지?

바이러스는 어떻게 탄생했을까? 그동안 과학자들은 유전 정보를 분석하는 등 바이러스의 기원을 알기 위해 노력했지만, 바이러스 종류 전체에 다 적용되는 기원은 찾지 못했어. 인간에게 바이러스는 여전히 수수께끼야. 현재는 그냥 가설만 세 가지 정도 세운 상황이야.
첫째, **세포퇴화설**이야. 정상 세포가 퇴화해서 세포라는 옷을 벗고 유전물질과 단백질만 남은 바이러스로 바뀌었다는 주장이지. 그러나 이 가설로는 전체 바이러스의 절반이 넘는 RNA 바이러스의 기원을 설명하기가 어려워. 세포는 DNA만으로 유전정보를 저장하기 때문이지.
둘째, **세포탈출설**이야. RNA 바이러스의 기원을 밝히는 데 좀 더 유리한 가설이지. 이 가설은 세포 유전물질의 일부분이 세포를 벗어나 자기복제와 물리적 보호에 필요한 효소와 단백질을 얻으면서 바이러스가 탄생했다는 주장이야.
셋째, **독립기원설**이야. 바이러스와 세포가 각각 독립적으로 출발해 서로 진화에 영향을 주며 오늘에 이르렀다고 보는 시각이지.
오래전에 잃어버린 아버지를 찾는 일은 쉽지 않아. 언제쯤 또 새로운 가설이 등장할까? 혹시 바이러스마다 아버지가 다 다르다고 주장하진 않겠지?

다시 대담 현장으로……

쿠엔투: 훌륭해요! 감사합니다, 감독님!
세포의 탄생과 바이러스에 관한 다큐멘터리,
정말 유익했어요.

쿠엔투: 끝까지 봐 준 너도 고마워!
그럼 RNA 세계에서 오신 프로제노트님과 몇 마디 나눠볼게. 조상들이 수백만 년 동안 지혜를 축적해 주신 덕분에 우리 바이러스 역시 지구에서 아주 중요한 역할을 하고 있어요.
이것에 대해 한마디 해 주실래요?

프로제노트: «×✓🌴☞🏠🍃◎🌐✚☛↘🛡☎🛡🐕↗
→ℹ◎✖✚🌐↓⚠🏠&◈¶€✈🍃⊘🚗@#

쿠엔투: 헤헤, 죄송합니다! 제가 통역해 드릴게요.
조상님은 먼, 먼 옛날에 사셨던 분이라서 인간의 말을 못 해. 하지만 내가 한 마디도 빼놓지 않고 전해 줄게.
"난 너희들과 함께해서 아주 행복했어.
원시 세포와 원시 바이러스가 함께 살았던 시대를 난 영원히 잊지 못할 거야."

스튜디오에 난입한 세포들: 거짓말!
대체 얼마를 받고 뻥을 치는 거야?

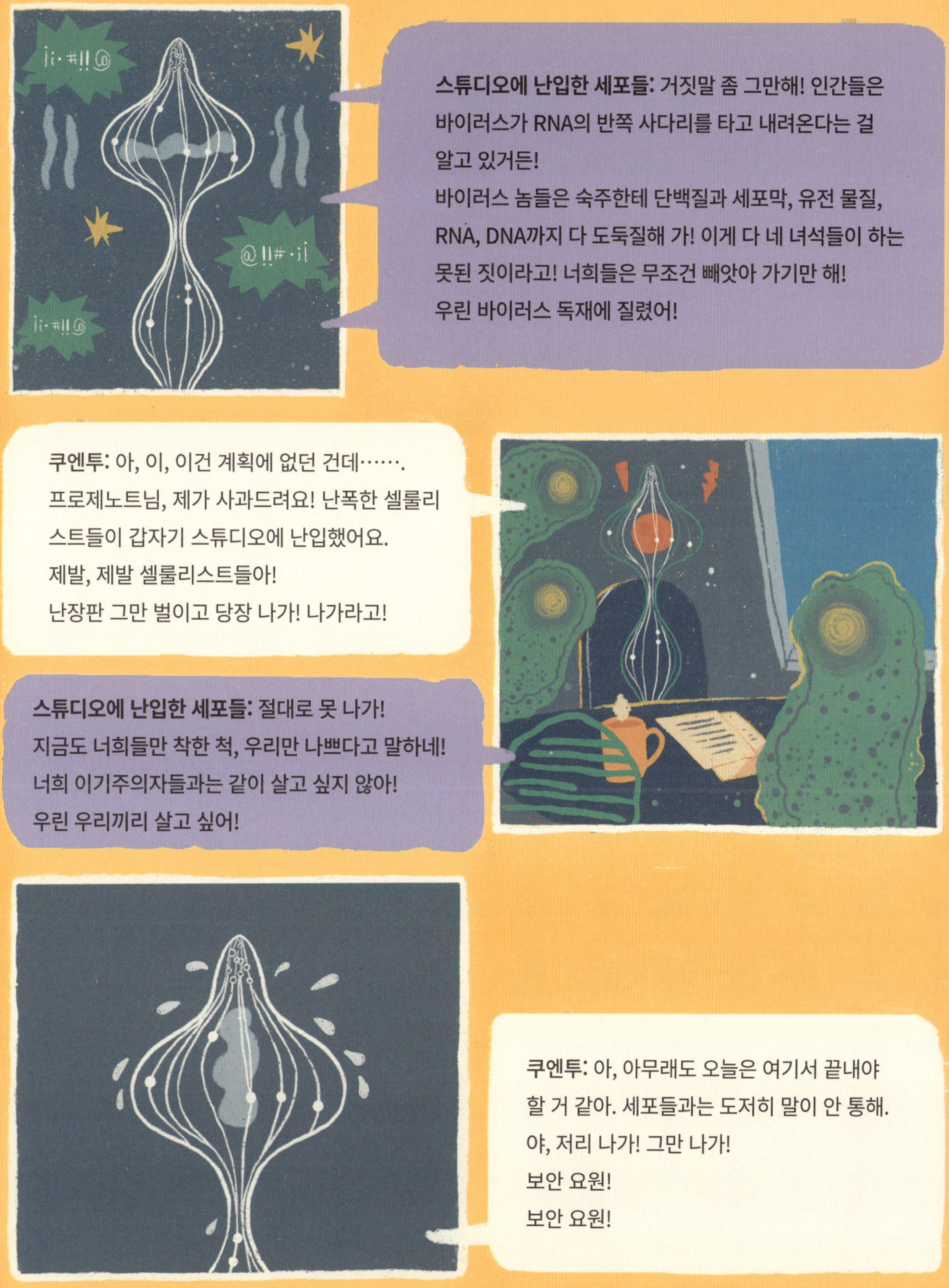
i¡·#!!@
@!!#·¡i
i¡·#!!@
스튜디오에 난입한 세포들: 거짓말 좀 그만해! 인간들은 바이러스가 RNA의 반쪽 사다리를 타고 내려온다는 걸 알고 있거든! 바이러스 놈들은 숙주한테 단백질과 세포막, 유전 물질, RNA, DNA까지 다 도둑질해 가! 이게 다 네 녀석들이 하는 못된 짓이라고! 너희들은 무조건 빼앗아 가기만 해! 우린 바이러스 독재에 질렸어!
쿠엔투: 아, 이, 이건 계획에 없던 건데……. 프로제노트님, 제가 사과드려요! 난폭한 셀룰리스트들이 갑자기 스튜디오에 난입했어요. 제발, 제발 셀룰리스트들아! 난장판 그만 벌이고 당장 나가! 나가라고!
스튜디오에 난입한 세포들: 절대로 못 나가! 지금도 너희들만 착한 척, 우리만 나쁘다고 말하네! 너희 이기주의자들과는 같이 살고 싶지 않아! 우린 우리끼리 살고 싶어!
쿠엔투: 아, 아무래도 오늘은 여기서 끝내야 할 거 같아. 세포들과는 도저히 말이 안 통해. 야, 저리 나가! 그만 나가! 보안 요원! 보안 요원!

Chapter 4

전염병, 두려움, 백신

전염병은 어떻게 퍼지는 걸까? 또 인간과 동물이 똑같이 걸리는 전염병도 있을까?
환경 파괴가 심해질수록 바이러스들이 더 난리를 친다는데, 그건 왜 그럴까?
바이러스를 막는 백신은 어떻게 만드는 걸까?

동물의 병이 인간에게 전염되는 경우

지구에 사는 생명체들은 종에 따라 그들과 함께 사는 바이러스가 다 달라. 이런 바이러스를 **바이롬**이라고 해. 바이롬에 관해서는 얘기해 줄 게 많아. 근데 이건 다음에 알려 줄게.

어쨌든 각각 다른 두 종이 접촉하게 되면, 그들과 함께 살던 바이러스들도 서로 만나게 돼. 보통은 아무 일도 일어나지 않아. 근데 가끔 동물의 바이러스가 인간을 병들게 할 수 있어. 이런 경로로 전염되는 병을 **인수공통전염병**이라고 해. 물론 이런 일은 반대로 일어나기도 해. 인간이 동물에게 질병을 옮길 수도 있다는 거지.

수컷 오록스는 땅에서 어깨까지의 높이가 무려 1.8m일 정도로 거대한 야생 황소야. 수 세기 동안 인간과 오록스 사이는 별문제가 없었어. 굶주린 부족들이 몇 마리 정도 사냥은 했을 테지만.

기원전 1만 년에서 1만 5백 년 전 사이, 인간은 야생 오록스들을 포획해 가축으로 길들이기 시작했어. 당연히 여러 마리를 같은 장소에 가두어 길렀겠지? 그러자 야생 소는 점차 면역력이 약해졌어. 바이러스에도 변이가 일어났지. 그러자 병든 소들이 다른 생명체들도 위험에 빠뜨리는 상황이 됐어.

우역 바이러스는 개와 고양이를 아프게 하는 디스템퍼바이러스와 관련이 있어. 인간이 소의 조상인 오록스와 접촉했을 때, 바로 이런 일이 일어난 거야.

풍토병endemic

바이러스가 새로운 숙주를 만나면 신나는 파티가 열려. 자기를 복제할 새로운 무대를 만났는데 얼마나 신나겠어. 이 바이러스는 절대로 박멸할 수 없지. 숙주는 감염된 상태로 살아가게 돼. 이것을 풍토병이라고 해. 인간이 도시에 모여 살게 되면서, 바이러스는 새로운 숙주를 찾기 위해 고민할 필요가 없어졌어.

전쟁터는 바이러스의 낙원

바이러스는 복제 선수지만, 어리바리해서 실패도 많이 한다는 말 기억나지?
근데 **실패한 바이러스** 하나가 우연히 열쇠를 찾아내서 성공한 이야기도 있어! 그 녀석 때문에 **홍역**이 태어났거든.

전쟁이 나면 도시와 들판이 모조리 파괴되어 생지옥으로 변하잖아? 하지만 바이러스에게는 전쟁터가 낙원이야! 그들은 인간 못지않게 세상을 철저히 파괴해.
중동과 지중해 지역(남유럽과 북아프리카)에 전쟁이 터지자, 바이러스들도 참전했지. 군대가 우역에 걸린 소를 몰고 전장을 이동하자, 홍역 바이러스가 마침내 완전한 풍토병으로 자리 잡게 됐어. 그때부터 인간은 절대로 홍역을 피해 갈 수 없게 됐지. 기원전 500년쯤의 일이야.
그로부터 약 2천5백 년 후인 1960년, 전 세계에서 7~8백만 명의 사람들이 홍역으로 죽었어. 실패한 바이러스 하나가 얼마나 끔찍한 일을 벌인 거니?
하지만 아스텍, 잉카, 마푸체족에게 일어난 일에 비하면 이건 새 발의 피야.

비슷하지만 다른 개념

· 에피데믹epidemic
특정한 기간 동안, 어떤 지역 또는 나라에서 예상보다 많은 사람들이 감염되는 전염병.

· 팬데믹pandemic
한 나라 이상의 나라들과 여러 대륙에 걸쳐 대규모로 유행하는 전염병.

· 신데믹syndemic
두 가지 이상의 유행병이 동시에 집단으로 나타나는 현상.

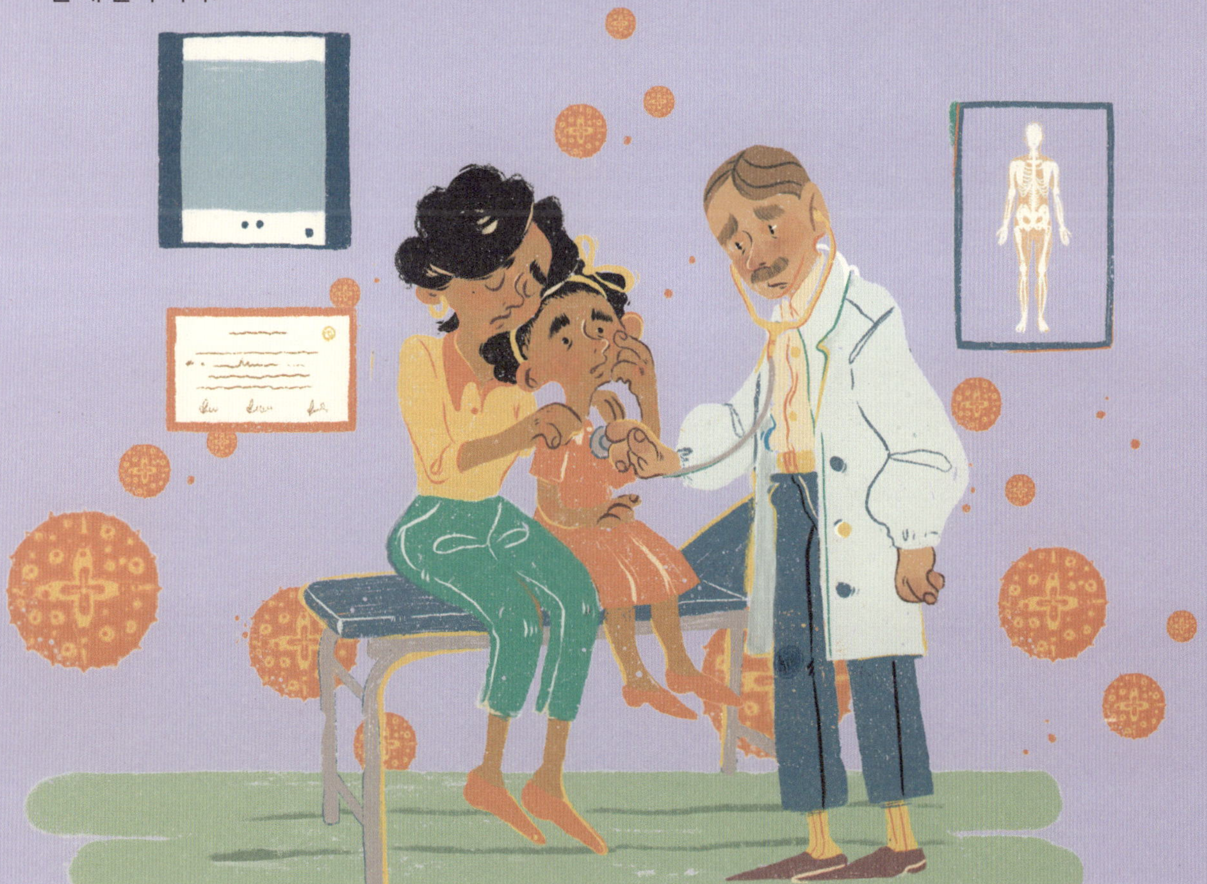

문명을 파괴한 바이러스의 쓰나미

1519년 11월, 멕시코 아스텍 제국의 수도 테노치티틀란은 런던의 5배에 달하는 규모를 자랑했어. 오직 파리와 베네치아만 견줄 수 있는 도시였지. 화려함은 또 얼마나 대단했는지! 오직 콘스탄티노플과 베이징만 비교 대상이었어. 하지만 그로부터 20년 후, 이 도시에는 아무것도 남지 않았어! 문명은 흔적도 없이 사라졌어.

유럽인들이 아메리카 대륙을 침략하면서, 홍역과 천연두라는 치명적인 질병을 가져왔기 때문이야.

천연두는 약 3~4천 년 전 아프리카 쥐가 인간에게 전염시킨 DNA 바이러스 때문에 발생한 전염병이야. 아메리카 침략 당시 아프리카, 아시아, 유럽에서는 이미 면역력이 생기고 있었어. 하지만 아스텍 원주민에게는 처음 접하는 낯선 병이었지. 그들은 면역력이 전혀 없었어.

변종

천연두의 여러 변종은 각각 1%에서 100%까지, 치명률이 극단적으로 널을 뛰었어. 당시 아메리카 대륙에서는 평균 치명률이 약 50~90%에 이르렀지. 겨우 천연두를 피한 생존자들도 다시 홍역과 티푸스에 걸렸어. 결국 전염병에 걸린 사람 중 겨우 20%만 살아남았지.

흑사병

흑사병은 바이러스 때문이 아니야! **페스트균**이라는 박테리아 때문이야. 그 박테리아는 생쥐 피를 빨아먹고 사는 벼룩이 인간에게 옮긴 거야. 수십 년 동안 이어진 흑사병팬데믹 상황은 유라시아 인구의 30~ 60%를 감소시켰어.

전염병은 아스텍과 잉카 문명을 빠르게 멸망시켰다.

바이러스가 지구를 냉각시키다

전염병은 아스텍과 잉카 제국의 멸망을 가져왔어. 그 결과가 지구에 어떤 변화를 불러왔는지 알면 깜짝 놀랄걸.

남극 연구자들이 과거 시대의 얼음을 추출하여 조사했어. 그랬더니 글쎄, 1610년쯤부터 지구가 냉각되기 시작했다는 사실을 발견했지. 이게 천연두나 홍역과 무슨 관련이 있냐고? 당시 치명률이 너무 높아서, 지구의 기후까지 변화시켰다는 의미야! 바이러스가 지구를 냉각시킬 정도로 기승을 부렸다는 얘기지.

1500년 아메리카 대륙의 인구는 6천5십만 명이었어. 하지만 1600년에는 6백만 명으로 줄었지. 5천4백만 명 이상의 원주민이 유럽인의 침략과 전염병으로 사망했던 거야. 그러자 들판과 숲은 황무지로 바뀌었어. 프랑스 크기의 지역이 벌거숭이 땅으로 변한 거지. 원래 나무와 식물들은 이산화탄소를 모았다가 다시 내뿜잖아? 이 가스가 지구를 따뜻하게 데워주는 건데, 나무와 식물이 몽땅 사라지니까 그 역할을 하지 못했던 거야. 공기 중의 이산화탄소량이 확 줄어들면서 지구의 온도가 급격히 떨어지기 시작했어.

유럽인은 우리 바이러스가 없었다면 아스텍과 마야, 잉카, 마푸체족을 그렇게 쉽게 정복하지 못했을 거야.

원주민들은 제대로 싸워보지도 못하고 무너졌어. 우리 바이러스 때문이지.

끔찍한 재앙은 다시 일어날 수 있어.
피해자는 바로 너희들일 수도 있어.
왜 그렇게 생각하냐고?

돌연변이와 복제 과잉

우리는 원래 실패를 많이 한다고 했잖아? 어쩌다 성공할 때가 있는 거라고! 하지만 바이러스는 엄청난 복제 능력이 있고, 변화에 적응하는 속도가 무척 빠르다는 얘기도 했지? 이런 변화를 돌연변이라고 하는데, 돌연변이는 각각 다양한 속도로 발생해. 너희 인간은 변이 속도를 기준으로 우리를 구분하지.

바이러스의 변이 속도가 느릴수록, 유기체의 면역 체계가 자신을 방어하는 방법을 터득할 가능성이 높아지겠지? 하지만 변이 속도가 빠르면, 그 반대가 될 거야.

미워서 괴롭히는 게 아니야

바이러스가 특별히 인간을 미워하는 게 아니야. 처음에 얘기했지만 우리는 정말 이리저리 떠도는, 그냥 물결 따라 흘러 다니는 병 같은 존재야. 가끔 충돌사고를 내는 존재라고!

현재 과학자들이 찾아낸 바이러스의 종류는 약 7천 개 정도래. 그중에서도 생물체를 감염시키는 바이러스는 약 250개 정도밖에 안 되지. 바이러스 전체로 볼 때 아주 적은 숫자야.

진짜 문제는 병 안에 담긴 심상치 않은 메시지야.

"너 같은 병을 최대한 많이 만들 거라!"

어쩌다 열쇠가 맞아서 세포를 열고 들어가는 순간, 우리가 명령대로 미친 듯이 복제를 시작한다는 게 문제야. 근데 더 큰 문제는 이 바이러스들의 유전자를 살펴보면 제각각 다 다르다는 점이지. 인간 입장에서는 대처하기가 참 곤란해.

네가 감기에 걸렸을 때를 상상해 봐. 네 콧속에 들어 있는 리노바이러스가 다 똑같은 녀석들이 아니라는 얘기거든. 뉴욕에서 온 사람과 런던에서 온 사람은 네 콧속에 있는 두 개의 리노바이러스보다 훨씬 더 비슷해.

네 감기는 완전히 동일한 바이러스 그룹이 아니라 여러 그룹이 뒤섞인 바이러스 집단에 의해 감염된 것이기 때문에, 정체를 파악하기가 진짜 어려워. 감기를 주사나 약으로 치료하기 힘든 이유야.

그럼, 네가 기침으로 배출한 바이러스는? 아마 그 녀석은 복제 오류와 면역 효과에 의해 또 모습이 바뀌었을걸.

이런 문제 때문에 인간이 바이러스를 효과적으로 공략하지 못해 골머리를 앓고 있지

유전자

DNA 사다리의 한 구간을 차지하고 있으며, 단백질과 같은 특정 물질을 만드는 지침을 담고 있어. 사고로 유전자가 변하게 되면, 돌연변이를 일으키게 돼.

외줄타기 하는 바이러스

근데 사실 이것은 인간뿐 아니라 우리 바이러스한테도 문제야. 우린 매일 외줄타기를 하면서 살고 있어.

1. 변이에 가속도가 붙으면 그만 멈춰야 해. 이건 매일 다른 종류의 바퀴를 자동차에 바꿔 다는 것처럼 쓸모없는 짓이야. 오류만 누적될 수 있거든.

2. 우리가 변이를 거의 일으키지 않으면 숙주의 방어력, 면역력이 우리를 패배시킬걸.

이제 짐작하겠지? 우리 삶도 하루하루가 위기라는 거! 우리도 어떻게든 복제하고 증식하려고 외줄타기를 하는 중이라는 거!
RNA를 가진 바이러스는 1번 문제가 심각해. 나처럼 DNA를 가진 바이러스는 2번 문제가 심각하고…….

우리 바이러스는 동물의 DNA로는 불가능한 속도로 변해. 우리는 일주일 안에 8백만 년에서 천만 년의 시기를 거친 동물보다 더 많이 진화할 수 있어. 인간은 감히 넘보지 못할 무시무시한 능력이지.
하지만 현재 지구 인구가 무려 80억 명이야. 우리도 그들의 도전 의식을 아예 무시할 수는 없어.
용감한 인간들, 화이팅!

바이러스의 돌연변이 경쟁!
너무 느리게 변이하면
면역체계에 막혀 무력화되고,
너무 빨리 변이하면
오류가 누적되어 자멸한다.

예기치 않은 방문객

코로나19는 인수공통전염병이야.
인수공통전염병은 동물이 인간을 감염시키는 거야. 근데 사실은 곰팡이와 박테리아, 바이러스 같은 미생물이 동물을 감염시켰고 그 동물이 인간에게 전염시키는 병이야. 인간이 동물에게 전염시키는 경우도 마찬가지고.
근데 무엇보다 걱정스러운 건, 이런 대규모 질병이 앞으로 더욱더 빈번하게 발생하리라는 예측 때문이야. 인간이 야생을 침범하면 할수록, 미생물들이 더욱 더 활개를 치게 될 테니까.
2019년 말 지구를 찾아온 SARS-CoV-2 (코로나19를 일으키는 바이러스 이름)는 초대받지 않은 손님, 예기치 않은 방문객이었어.

사람은 비행기로 세계 어디든지 갈 수 있다.
그러니까 사람 몸속의 바이러스도 불과 몇 시간 안에
전 세계로 확 퍼질 수 있다는 뜻이다.

코로나바이러스

코로나19는 중국에서 처음 발생했어. 인간은 팬데믹을 선포하고, 빠르게 백신을 개발해 사망률을 낮췄지. 하지만 2023년 9월 기준 세계보건기구의 통계에 따르면, 현재까지 코로나19 감염으로 약 7백만 명이 사망했대. 인류의 희생이 적지 않았다는 거지. 이 새로운 바이러스도 동물을 매개로 인간에게 침입한 거야.
근데 최근 수십 년 동안 발생한 전염병의 70%가 인수공통전염병이라는 사실 알고 있니? 정말 무서운 일 아니야?

현재 코로나바이러스는 총 45종이 등록돼 있어.
하지만 앞으로도 계속 더 많이 나올 거래. 돌연변이 때문이지. 근데 코로나바이러스들은 다양한 동물 종(박쥐 포함)에 영향을 미치는 RNA 바이러스의 한 유형이야. 코로나19 이전, 인간에게 가장 큰 피해를 준 질병은 중동호흡기증후군MERS, 중증급성호흡기증후군SARS 등이었어. 이것들도 동물에서 사람으로 전염되는 병이지.

최근 특히 이런 인수공통전염병이 유행을 하는 이유는 무엇일까? 그건 인간들이 우리 바이러스가 주로 서식하고 있는 자연환경을 파괴하고 있기 때문이야!
인간이 자연의 균형을 깨고 있기 때문에 우리들도 몸부림치고 있는 거지!

사라지는 숲과 새로 생기는 전염병

남아메리카 아마존 열대우림의 약 30%가 사라졌어. 지금도 무지한 산림 파괴자들이 남쪽에서 북쪽으로, 동쪽에서 서쪽으로 이동하며 무분별하게 나무를 베어내고 있지. 목장주들은 나무가 사라진 숲에서 소 떼를 방목하고. 이들은 마치 **오늘을 위한 음식, 내일의 인수공통전염병을 위하여**라는 슬로건을 내건 시위대 같아.

아마존 정글 북쪽에 사는 동물들에게서 총 183개의 바이러스가 발견됐어. 산림 파괴자들은 감염된 동물들을 잡아먹고 살지. 또 이 바이러스들을 전염시키는 곤충에게 물리기도 하고.

큰 나무들이 사라진 자리를 목초지와 단일 재배지로 바꾸었기 때문에, 이전에는 보기 힘들던 설치류들이 증가했어. 이 설치류들은 한타바이러스(칠레산)나 후닌바이러스(아르헨티나산) 등 출혈열을 일으키는 치명적인 바이러스들을 옮기지.

이제 왜 최근 들어서 인수공통전염병이 기승을 부리는지 알만 하지?

눈에 보이는 위험

우리 바이러스는 인간을 괴롭히려는 생각 자체가 없어. 바이러스를 궁지로 모는 건 바로 인간이야. 더 많은 돈을 벌어서 더 호화롭게 소비하려는 욕심에 사로잡힌 인간들 때문이야. 이렇게 자연을 파괴하고 환경을 오염시키는 것은 바이러스 세계를 파괴하고 교란시키는 행위야. 결국 인간 스스로 숙주가 되는 문을 활짝 열어주는 거지.

현대 과학자들은 끊임없이 백신을 만들어 내겠지만, 그것은 아슬아슬한 시간 싸움이야. 누군가는 반드시 희생을 치러야 하는 게임이지.

데렐이 처음으로 파지를 발견해 질병을 치료한 것처럼, 한 귀족 부인이 질병을 일으키는 바이러스를 이용해 처음으로 백신을 사용했어.

인간은 야생동물이 살고 있는 생태계를 파괴하고 있다. 인수공통전염병이 빈번하게 발생하는 이유이다. 그 바이러스는 야생동물에게는 해가 없지만 인간에게는 치명적이다.

백신의 선구자

백신은 전염병을 예방하고 무력화시키기 위해서 개발됐어. 요즘은 각국의 수많은 과학자와 의사들이 함께 모여 연구하고 협력해서 만들지. 그런데도 아직 백신을 불신하는 사람들이 있어.

백신의 선구자는 영국 귀족 메리 워틀리 몬태규 부인이야. 1718년, 그녀는 오스만 제국의 수도 이스탄불에서 천연두 딱지 가루로 실험을 시작했어. 사람 피부에 작은 상처를 내고, 천연두 가루를 바른 다음 관찰한 거지.

이 방법은 건조한 천연두 딱지 가루를 피부나 코점막에 직접 발라 천연두를 예방하는 방식인데, 원시적인 형태의 백신 접종이야. 실험에 성공한 몬태규 부인은 자신의 아이들에게 최초로 **예방접종**을 실시했어.
영국으로 돌아온 그녀는 이 방법을 열렬히 전파했으나, 사람들은 믿지 않았어.

1796년, 영국의 의사 에드워드 제너가 특정 바이러스에 대한 면역력 연구를 하다가, 젖소의 천연두 변종(우두)에서 추출한 물질을 어린이들에게 접종했어. 몬테규 부인의 최초 예방접종 이후, 거의 80년 만이었지. 백신vaccin 은 소를 뜻하는 라틴어 바카vacca에서 유래한 이름이야.
그 후 수많은 과학자가 백신 개발에 매달렸어. 그들은 인류를 바이러스와 박테리아의 치명적인 영향으로부터 보호하기 위해 노력하고 있어.

중국에도 종두법에 대한 기록이 있지만,
튀르키예 대사 부인인 영국 귀족 메리 워틀리 몬태규 부인이
처음으로 오스만 제국에서 유럽으로 전파했다.

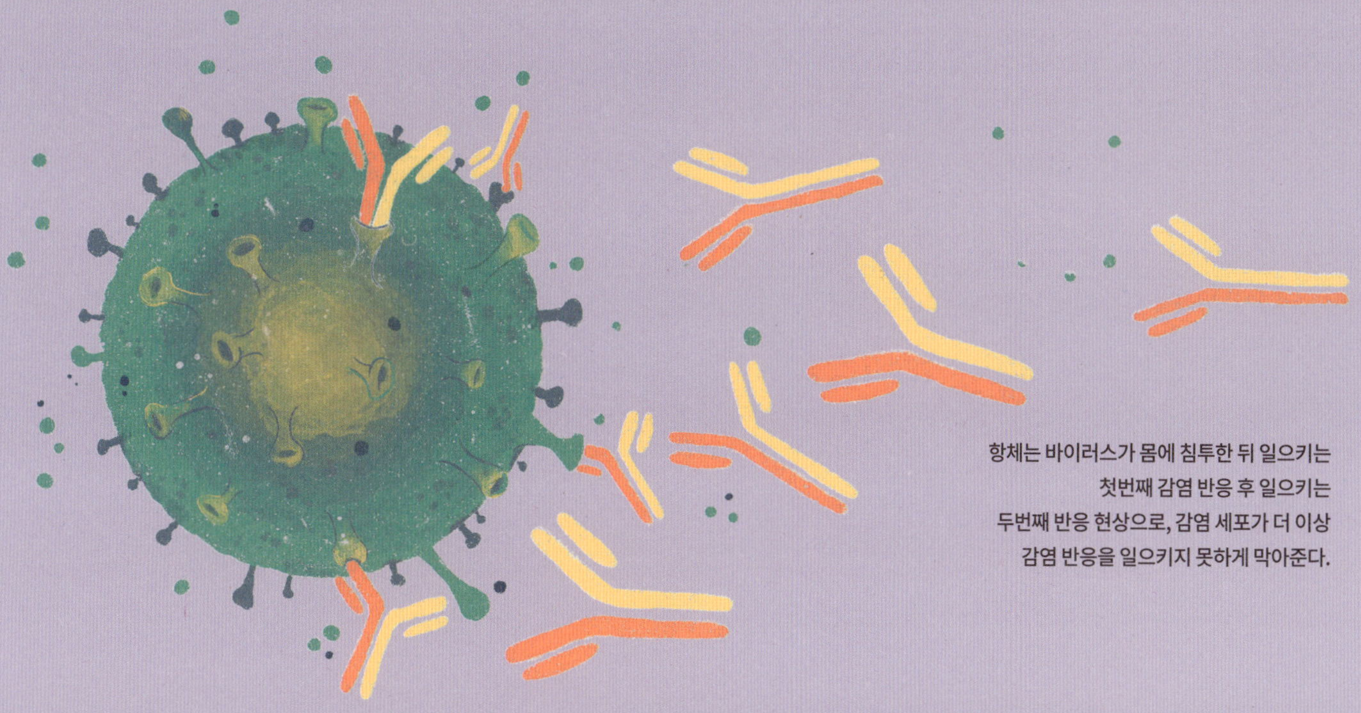

항체는 바이러스가 몸에 침투한 뒤 일으키는
첫번째 감염 반응 후 일으키는
두번째 반응 현상으로, 감염 세포가 더 이상
감염 반응을 일으키지 못하게 막아준다.

· 백신의 유형

백신을 만드는 기술은 크게 두 가지가 있지만,
모두 질병을 일으키는 바이러스와 비리온 또는 그것들의 유전물질인 RNA와 DNA를 조작해서 만들어.

· 전통 방식

→ **약독화** – 살아있지만 약화시킨 바이러스가 들어있어.

→ **비활성화** – 열이나 화학 물질, 방사선을 이용해 비활성화시킨 바이러스가 들어있어.

→ **하위 단위** – 바이러스의 일부를 이용해 면역 반응을 유도해.

· 유전자 방식

→ **바이러스 벡터** – 바이러스 유전 물질이 들어간 해가 없는 바이러스를 사용해서 면역 체계가 항체를 만들 수 있도록 해.

→ **mRNA** – 바이러스의 RNA를 이용해 백신 접종자의 세포가 항체를 만들게 해.

→ **DNA 백신** – 바이러스의 DNA를 삽입해 면역 반응을 유도해.

우리 바이러스는 인간의 눈에 보이지 않잖아? 세포를 열고 들어가도 아무도 눈치채지 못하지. 근데 주사바늘은 뾰족하고 찌르는 느낌이 있어. 그래서일까? 인간은 우리보다 백신 접종을 더 두려워하는 거 같아. 참 어처구니없어. 우리가 침투하면 병에 걸리는데, 왜 예방주사를 더 무서워할까?

1855년부터 2005년까지 홍역으로 약 2억 명의 사람들이 죽었어. 1963년, 홍역 백신이 만들어졌지.
물론 지금은 홍역이 유행하는 시대가 아니야. 그래서 홍역이 더 이상 위험하지 않다면서 백신접종은 필요 없다고 주장하는 사람들이 있어. 이건 정말 바보 같은 생각이야!
인간의 혈액과 뇌, 유전물질에 이미 홍역 바이러스의 유전물질이 설치돼 있다는 걸 안다면, 절대로 그렇게 말하지 못할걸. 홍역은 언제든 다시 재발하는 병이라는 걸 똑똑히 기억하라고!

항체

항체는 생물체의 면역 체계가 질병을 이기도록 도와주는 물질이야. 동일한 바이러스나 박테리아로부터 감염되는 것을 막아주는 일종의 덫이지.

Chapter 5
생명체와 바이러스의 관계

이번에는 생명체의 삶을 좌우하는 휴면 바이러스와 이미 생명체의 몸에 존재하는 바이러스에 관해 알아볼게. 우리 바이러스는 활성화와 비활성화를 반복하며 숙주인 인간의 운명을 바꿔. 근데 반대로 인간이 자신의 목적을 위해 우리를 이용하기도 해.

먹지 않아도 자라는 바다민달팽이

동식물과 상호작용할 때, 우리 바이러스는 아주 특별한 일을 할 때가 있어. 바다민달팽이elysia chlorotica의 놀라운 변신도 우리가 개입한 일이지.

바다민달팽이도 어릴 때는 너희 인간과 똑같아. 먹는 거 좋아하고, 노는 거 좋아하는 장난꾸러기지.

해조류를 맘껏 포식한 어느 날, 그날 이후 녀석은 더 이상 아무것도 먹지 않아. 전혀 배가 고프지 않거든. 계속 굶는데도, 녀석은 죽기는커녕 매일매일 자라고 있어.

어때, 놀랍지?

그러자 친구들도 하나둘 녀석을 따라 하게 돼. 이제 그들 모두 힘들여 먹이를 구하지 않고 행복하게 일광욕만 즐겨. 물론 약간의 대가는 따랐지. 바다민달팽이의 피부가 청록색으로 변한 거야. 왜 청록색으로 변했을까?

바다민달팽이가 먹은 해조류에는 엽록체가 들어 있다.
엽록체는 태양 에너지로 광합성을 하는데,
이 엽록체가 바다민달팽이 몸속에 계속 머물러 있으면서
에너지를 공급한다. 굳이 먹이를 먹어서
에너지를 충전하지 않아도 된다.
물론 엽록체 때문에 피부가 청록색으로 변해버린다.
이건 식물이 에너지를 얻는 방식하고 똑같다.
그럼 바다민달팽이는 이제 식물동물로 변한 걸까?

먹지도, 먹히지도 않는 특이한 생명체

바다민달팽이는 2~5㎝ 정도의 작은 생물로, 해조류를 먹고 살아. 태어났을 때부터 녀석의 먹이는 해조류였어. 그런데 어느 날 갑자기, 녀석의 몸속에 해조류의 엽록체가 저장되기 시작해. 이 엽록체는 보통 식물들이 햇빛을 에너지로 변환할 때 사용하는 세포의 소기관이야. 근데 동물인 바다민달팽이가 식물 세포를 사용하게 된 거지! 이게 대체 뭔 일이야?

네가 한 13살쯤 됐을 때, 갑자기 음식을 안 먹어도 계속 키가 쑥쑥 커져 어른이 될 수 있다는 말처럼 정말 어이없지 않니? 음식을 전혀 안 먹고 그저 햇빛 아래에서 일광욕만 즐기는 삶이라니!

그 후 바다민달팽이의 삶은 어떻게 됐을까? 바다민달팽이는 다른 바다민달팽이를 만나 가족을 이루고, 곧 아기 바다민달팽이들을 잔뜩 낳았겠지.

바다민달팽이에게는 상위 포식자가 거의 없으므로 전쟁도 일어나지 않아. 그들의 존재 자체가 먹이 사슬에서 굉장히 독특한 위치를 차지하고 있어. 먹지도, 먹히지도 않는 특이한 생명체야!

신비한 미스터리

그동안 행복한 삶을 살고 있던 바다민달팽이 엘리시아는 오늘 아침 눈을 떴을 때, 기분이 아주 이상했어. 자신의 생명이 서서히 빠져나가는 것을 느꼈던 거야. 지난 11개월이 바다민달팽이에게 주어진 수명이었어. 곧 엘리시아는 친구들도 같은 운명이라는 것을 알았어. 엘리시아와 친구들은 레트로바이러스 때문에 죽음을 맞이하게 된 거야.

근데 여기에 아주 놀라운 미스터리가 있어. 엘리시아와 친구들이 바이러스가 없는 수족관 안에서 살았더라도 똑같은 일이 일어났을 거라는 사실이야. 오늘 그들의 목숨을 앗아간 레트로바이러스는 바다민달팽이가 태어날 때부터 유전물질에 숨어 있는 거였거든!

그들의 후손들도 마찬가지야. 그들의 유전물질에도 레트로바이러스가 숨어 있지.

레트로바이러스는 바다민달팽이들이 먹지 않고도 평화롭게 살 수 있게 해주는 대신, 일정 기간이 흐르면 그 대가로 목숨을 거두어 가는 거야. 이런 과정이 레트로바이러스에게 어떤 이득을 줄까? 또 왜 11개월 동안 기다려 주는 거지? 답은 간단해. 레트로바이러스 역시 계속 후손을 이어 살아남아야 하니까 바다민달팽이의 다음 세대가 태어날 때까지 조용히 기다리고 있었던 거지.

공생관계 기억하지?

바이러스는 생명체에게 도움을 줘.

성性의 발명

세포는 네가 좋아하는 **레고** 같은 거야. 상상해 봐! 인간은 다세포로 이루어진 생명체야. 그러니 얼마나 수많은 레고들로 이루어져 있겠니? 생명이 처음 등장했을 때, 단세포 생명체는 분열해서 자기 복제본을 만들었어.

이 과정에서 모세포와 딸세포의 차이는 거의 없었지. 이건 끝없이 변화하는 환경에서는 굉장히 위험한 요소야. 세포들 모두 변화에 적응하지 못하면, 한순간에 멸망할 수 있거든.

이유가 뭐냐고?

네가 프랑켄슈타인 박사처럼 인간을 조립한다고 상상해 봐. 현대인인 네가 프랑켄슈타인 박사처럼 시체를 수집해 부품을 얻을 리는 없잖아? 넌 아마 레고, 즉 세포를 사용하려고 할 거야.

얼마나 많은 세포가 필요할까?

너만 궁금한 게 아니었나 봐. 이탈리아의 과학자 에바 비앙코니는 친구들과 함께 몇 년 동안 이것을 계산했대. 그 결과 키 172㎝, 몸무게 70kg인 30세 인간이 가지고 있는 세포의 수는 무려 37조 2천억 개! 너무 엄청나서 감히 상상도 할 수 없지! 우주에 있는 은하의 개수보다도 더 많잖아.

1초에 세포 하나를 조립한다고 치면, 인간 한 명을 만드는 데 무려 백만 년이 넘게 걸린다는 거잖아? 아, 항복! 이건 누구도 못하지! 인간을 세포 단위로 조립하려는 시도는 불가능해. 그 일을 완수할 사람도, 시간도 없지.

근데 인간을 포함한 모든 생명체는 DNA의 **청사진**에 따라 스스로 세포를 조립할 수 있어. 엄청나게 빠른 속도로! 그래도 일정한 시간은 필요하지. 너희 엄마는 단 9개월 만에 너를 만들어 냈어. 인간의 임신 기간은 9개월이야. 대왕고래의 임신 기간은 거의 1년 정도지. 코끼리는 무려 22개월이 필요하고. 근데 그 새끼들이 어른만큼 크려면 또 시간이 많이 흘러야 해.

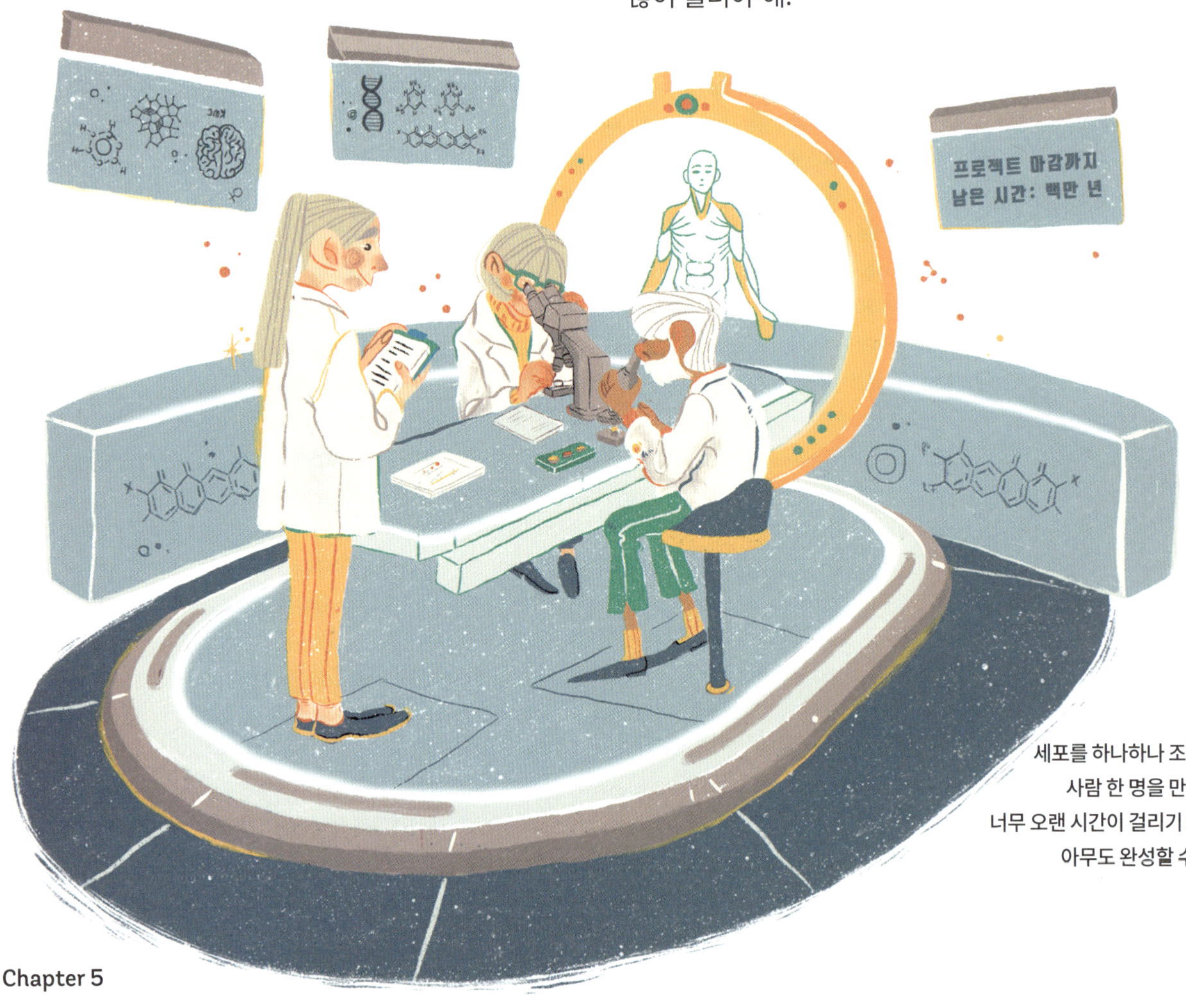

세포를 하나하나 조립해서 사람 한 명을 만들려면 너무 오랜 시간이 걸리기 때문에 아무도 완성할 수 없다.

미션: 재생산

인간에게는 자신을 재생산하거나, 복제본을 만드는 문제가 항상 중요한 과제였어.

인간은 다세포로 이루어져 있잖아? 인간은 이 문제를 해결하려고 유성생식sexual reproduction을 위한 특수한 세포를 생성했어.

성적이라는 용어는 로마인들이 사용했던 라틴어에서 유래한 말로, 원래 **자르다**라는 의미가 있지. 인간이라는 종의 구성원을 여성 또는 남성으로 자르는 것, 즉 구분한다는 의미가 있어. 성적생식의 경우, 잘라낸 양쪽 모두가 필요해.

로마인은 인간의 재생산 과정이 어떻게 이루어지는지 세세하게 알지 못했지만, 수컷과 암컷이 결합하면 그들의 자손이 태어난다는 것은 알았어. 이 자손이 양쪽 모두가 혼합된 존재라는 것도 알았지.

나의 파트너, 반수체

RNA 세계의 반쪽 사다리 기억나지? 그것처럼 여성과 남성의 성적 번식에 개입하는 세포도 반쪽 사다리야. 이 세포를 **반수체**라고 불러. 남녀의 반수체가 합쳐질 때, 즉 난자와 정자가 결합할 때, 그들은 완전한 사다리로 완성돼. 완전한 세트(이배체)를 만드는 거지.

이 과정에서 한쪽 부모의 유전 정보에 결함이 있으면, 다른 쪽 부모의 유전 정보가 이를 보완해 원활하게 진행시켜. 그런데 만약 나 같은 바이러스가 세포 안에 자리를 차지하고 있으면 어떤 일이 벌어질까?

숙주의 유전물질에 자리잡은 바이러스의 유전 조각을 **프로바이러스**라고 하고. 이런 상태를 **내생화**라고 해. 이야기가 조금 복잡해지지?

로마인들은 동물들이 번식할 때 특성을 교환한다는 것을 직관적으로 느꼈다. 하지만 어머니와 아버지의 유전물질(반수체)이 결합해 이배체를 생성한다는 사실은 몰랐다.

바이러스의 내생화, 무서운 결과

동화 같지만 조금 섬뜩한 이야기 하나!
드넓은 섬 대륙에 들소와 말, 과나코, 영양, 사슴 등이 전혀 보이지 않는 텅 빈 초원이 펼쳐져 있어. 거기에는 사람만큼 커다란 두발 짐승들만 보여. 그 동물들은 각자의 배 주머니에 아기를 넣고 활보하고 있어. 이 초원은 참 특이해.
웜뱃이라는 동물은 큐브 모양의 똥을 싸. 18일마다 화장실에 갈 정도로 게으르기 때문일까? 웜뱃의 친척처럼 생긴 코알라도 있어.

지금 코알라는 살아있는 박제 동물이라고 부를 정도로 위기에 처해 있지. 내생화한 바이러스가 코알라의 면역체계를 흔들고 있거든.
이곳은 태평양의 섬 대륙, 호주야!

웜뱃은 큐브 모양의 똥을 싸는 유일한 동물이다.

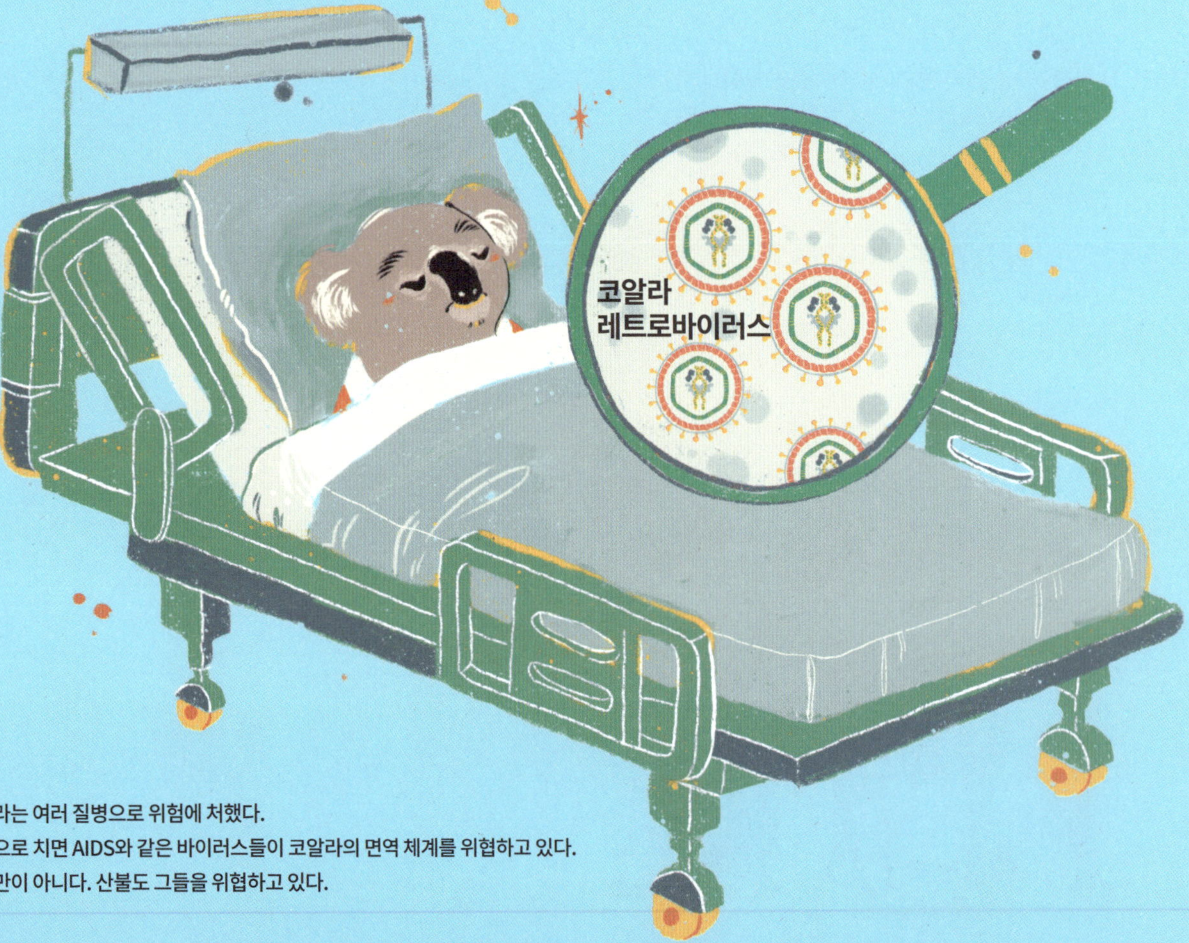

코알라는 여러 질병으로 위험에 처했다.
사람으로 치면 AIDS와 같은 바이러스들이 코알라의 면역 체계를 위협하고 있다.
그뿐만이 아니다. 산불도 그들을 위협하고 있다.

코알라 잘못이 아니야!

코알라는 몸속에서 활동하는 바이러스때문에 고통받고 있는 거야. 코알라레트로바이러스KoRv가 면역체계를 약화시켜 여러 가지 질병을 일으키는 거지. 귀여운 코알라가 백혈병과 림프종, 클라미디아와 같은 치명적인 질병에 시달리고 있어.

신기한 것은, 호주 북부 코알라들은 모두 부모에게서 레트로바이러스를 물려받는다는 거야. 레트로바이러스가 내생적 프로바이러스라는 얘기지. 근데 남부에서는 일부 코알라만 그렇대. 외부 접촉을 통해서 감염되는 경우가 아니면 안전하다는 거지.

레트로바이러스는 약 5만 년 전 설치류나 박쥐들이 코알라에게 전파했대. 만약 인간이 지금처럼 자연에 개입해 상황을 더 악화시키지 않는다면, 레트로바이러스는 장기적으로 코알라 유전자의 일부가 되어 더 이상 병원균으로 작용하지 않을 거라는 가정을 할 수 있어.

너희 인간들도 유전물질 중 약 8%가 코알라레트로바이러스와 유사한 레트로바이러스 유전자를 가지고 있거든! 인간 역시 코알라처럼 프로바이러스를 가지고 태어난거야. 하지만 코알라처럼 그 바이러스 때문에 병에 걸리지는 않잖아?

유전자 속 바이러스

인간은 늘 바이러스가 끔찍한 존재라고 비난해. 그건 진짜 모욕이야. 바이러스 세계를 오염시켜 문제를 만드는 것은 우리가 아니라 인간들이라는 것을 알았으면 해. 인간과 바이러스는 공존하는 관계라는 사실을 잊지 마. 나도 코알라 때문에 진짜 속상하다고!

→ 사실

유전자 청사진은 그림이 아니라, 움직이는 조각 같아.

→ 바버라 매클린턱

미국의 식물학자로, 특이한 색상과 형태를 가진 옥수수에 대해 연구했어. 옥수수의 색과 점, 형태가 어떻게 유전되는지 알아보다가 생명체의 유전적 청사진은 고정된 게 아니라는 것을 발견했지.

DNA 부품들은 집이나 비행기, 스마트폰처럼 움직일 수 없는 게 아니라 매우 유동적으로 움직인다는 거야. 꿀벌이 벌집 안에서 자유롭게 움직이는 것처럼!

근데 바버라의 이 혁명적인 발견은 그 후 20년 동안이나 헛소리 취급을 받았어.

바버라 매클린턱의 혁신적인 발견은
무려 20년 동안 인정받지 못했다.

너의 탄생을 도와준 레트로바이러스

산부인과 병원에서 네가 태어났을 때를 상상해 봐.
엄마와 아빠, 의사와 간호사들 모두 네가 이 세상에 태어나도록 힘을 합쳤어. 근데 레트로바이러스의 일종인 ERVW-1도 엄청나게 중요한 일을 했다는 건 모르지? 이 바이러스는 생명체의 DNA 속에서 살고 있어. 인류에게는 조상 대대로 전해 내려오는 바이러스야.
만약 ERVW-1이 없었다면, 넌 지금 내 이야기를 들을 수도 없고 이 책도 읽을 수도 없었을걸. 이 바이러스는 엄마의 몸에 Syncytin-1이라는 단백질을 만들어주는데, 이 단백질이 생겨야 태아를 돌보는 태반이 형성돼. 태반은 아기가 들어 있는 자궁을 보호해 주는 거야. ERVW-1이 없었다면 정말 끔찍했을 거야. 인간은 아기를 낳을 수 없어서, 인류 자체가 존재할 수 없었을 테니까.
근데 ERVW-1은 너희 인간이 아니라 우리 바이러스에 의해 **길들여진** 바이러스야. 이건 정말 몰랐을 걸. 무려 2천5백만 년 전에 일어난 일이지.

레트로바이러스

세포를 속여 핵의 유전 물질을 밀수하는 RNA 바이러스의 한 종류야.
이 녀석은 세포와 한 편인 것처럼 연기하는 재주가 뛰어나.

침입한 자를 포섭하다

사실 인간의 몸속에는 수많은 바이러스가 이미 침투해 있어. 유전학자 넬스 엘데와 세드릭 페쇼트는 인체에 최소 27 종류의 바이러스들이 세포의 면역체계를 지켜주기 위해 힘을 모으고 있다는 사실을 밝혀냈어. 이건 마치 정부를 공격했던 해커를 포섭해 우리 편으로 고용한 것과 같은 거야. 인체도 침략자 중 일부를 같은 편으로 고용해 면역체계를 강화하는 전략을 쓰고 있는 거지.

태반은 자궁 안 태아에게 영양을 공급한다.
이는 2천5백만 년 전부터 인류의 DNA를 통해
전해져 온 레트로바이러스 덕분이다.

생명체와 바이러스의 관계

이런 사실을 알게 된 것은 옥수수 유전자를 연구했던 바버라 맥클린턱 덕분이야. 인체의 세포는 약 42%가 이런 전략을 쓰고 있어. 이런 바이러스를 **트랜스포존**이라고 불러. 트랜스포존은 **변이 가능한 요소**라는 뜻이야. **점핑 유전자**라고도 부르지.

RNA 세계의 유령

트랜스포존은 유전 정보를 저장하는 가장 작은 조각이야. RNA 세계의 유령 같다고나 할까? 트랜스포존은 스스로 복제본을 만들어 염색체의 다른 부분에 삽입하지.

이 과정에서 RNA 반쪽 사다리를 사용하는데 이것을 **레트로트랜스포존**이라고 해. 레트로트랜스포존은 같은 세포에서 복사본을 만들어 다른 곳에 삽입하고 붙여 넣는 일을 반복하지. 마치 **길들여진** 바이러스가 청사진 안에서 저절로 성장하고 번식하는 것처럼!

인체에는 ERVW-1처럼 인간 편으로 전향한 바이러스들도 살고 있지만, 루카 이전에 존재했던 RNA 세계의 유령 같은 바이러스들도 함께 살고 있어. 바이러스와 트랜스포존은 조상이 같으니까, 뭐!

근데 기분이 좀 묘하지 않아? 네 몸속에 온갖 종류의 생명체들이 모여 살고 있다는 게? 내 몸이 내 것이 아닌 것 같고, 잡다하게 뒤섞인 바이러스들이 나를 좌지우지하는 느낌이 들지 않니?

근데 바이러스들의 혼합은 생각지 못한 이득을 줘. 청사진이 다양해져 경우의 수가 많아지기 때문이야.

바버라의 옥수수는 뜻밖의 색상과 무늬, 맛을 갖게 되거든. 너도 그렇잖아?

멋진 생머리와 짙은 눈썹, 긴 다리를 갖게 됐잖아!

Chapter 6

바이롬, '집' 바이러스

**자, 이젠 인간을 해치지는 않지만 인간을 식민지로 삼는 바이러스들에 대해서 알려줄게.
또 과학자들이 어떻게 군유전체학metagenomics을 이용해 나날이 새로운 바이러스들을 발견하는지도!
바이러스가 튤립에게 베풀어 준 아름다움에 관해서도 이야기해 주고 싶어.
바이러스 덕분에 네덜란드 사람뿐만 아니라 전 세계 사람들이 튤립에 매혹된 이야기도!**

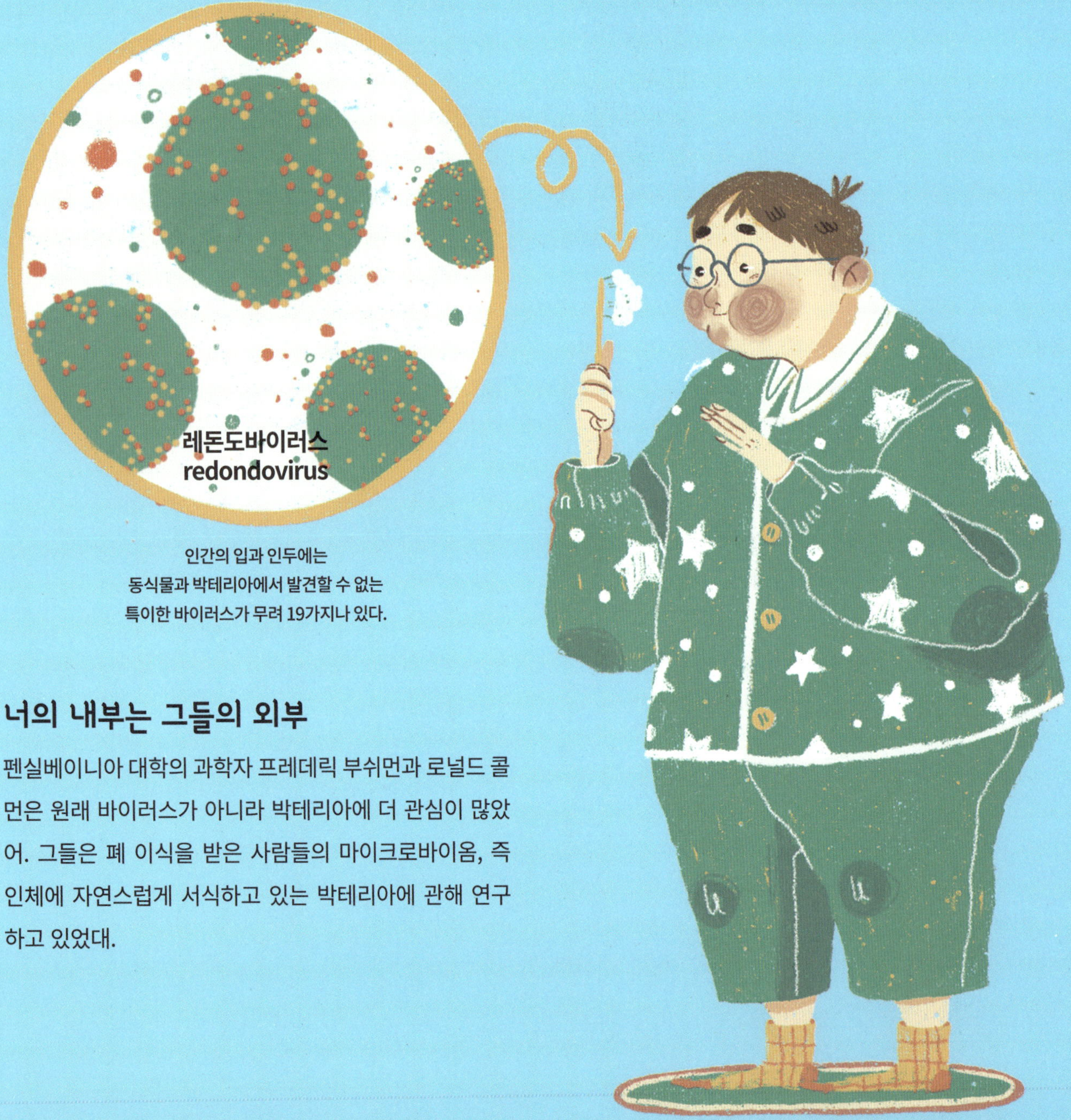

인간의 입과 인두에는
동식물과 박테리아에서 발견할 수 없는
특이한 바이러스가 무려 19가지나 있다.

너의 내부는 그들의 외부

펜실베이니아 대학의 과학자 프레데릭 부쉬먼과 로널드 콜먼은 원래 바이러스가 아니라 박테리아에 더 관심이 많았어. 그들은 폐 이식을 받은 사람들의 마이크로바이옴, 즉 인체에 자연스럽게 서식하고 있는 박테리아에 관해 연구하고 있었대.

오메, 오메, 오메,
나는 마이크로바이옴이다!

마이크로바이옴은 인간이나 동물의 몸속에서 공존하는 미생물들을 말해. 물론 바이러스들도 포함되는데, 바이러스의 경우는 특별히 구분해서 **바이롬**이라고 불러.

두 과학자는 폐 이식을 받은 사람들의 유전 물질을 분석해 봤어. 근데 이 과정에서 한 번도 본 적 없는 희귀한 DNA 조각들을 발견했지. 이것 때문에 그들은 박테리아가 아니라 바이러스 세계로 모험을 떠나게 됐어.

이들이 발견한 것은, **레돈도바이러스**라는 이름이 붙게 되는 원형 바이러스야. 레돈도바이러스는 폐 외에 인두와 입안에서도 발견됐어. 종류도 많았지. 다른 동식물이나 박테리아에게서는 찾아볼 수 없는 새로운 바이러스로 총 19개나 됐어. 특히 치주염이나 잇몸 출혈로 고통받는 사람들과 중환자실 환자들에게서 많이 발견됐지. 근데 이 바이러스는 숙주에게 특별한 손상을 입히지 않는 게 특징이었어.

그냥 지나갈게요

레돈도바이러스는 인간과 **편리공생**을 하고 있었어. 인간과 함께 살면서 이익을 얻지만, 상대에게는 전혀 해를 입히지 않는 관계. 마치 정원에 사는 거미들처럼!

인간의 혈액 속에도 19종의 레돈도바이러스가 평화롭게 살고 있고, 강력한 장벽이 존재하는 뇌에도 3종의 바이러스가 숨 쉬고 있대.

2017년 8,240명의 혈액을 분석한 결과, 총 94개의 바이러스가 발견됐어. 물론 일부는 질병 때문이기도 하고, 유전자에 통합된 프로바이러스들도 있었어. 그 바이러스들 외 나머지 75종은 우연히 그곳에 도착한 것들이었지. 사실 더 많은 바이러스들이 있었을 테지만, 그것들을 모조리 다 발견하지는 못했어. 그 바이러스들은 보통 **바이러스성 암흑물질**이라고 불러.

인간 몸속에 있는 19종의 바이러스는
숙주에게 나쁜 영향을 끼치지 않는다.
이 바이러스들과 인간은 편리공생 관계이다.

바이러스성 암흑물질

지진 감지기를 갖고 있는 코끼리

코끼리는 지진파를 이용해 무려 20㎞나 떨어진 곳에 있는 친구 코끼리와 의사소통을 해. 크고 힘센 발로 한번 구르면 땅바닥이 진동하는데, 그럼 멀리 떨어진 숲속 코끼리가 발바닥과 다리의 감지기로 진동을 수신하는 거지. 다리뼈를 타고 위로 올라간 진동이 귀까지 전달되거든. 상대방 코끼리는 진동으로 저쪽의 상황을 알게 돼.

"여기 먹이가 있어"나 "강 근처 사자를 조심해"라는 정보가 전달되는 거야. 게다가 코끼리는 어떤 친구가 메시지를 보내는 건지 알 수 있어.

코끼리 무리는 160㎞ 떨어진 곳에서도 비가 내리는 곳을 알고 그쪽으로 이동하기도 해. 그걸 어떻게 아냐고? 빗줄기가 땅을 칠 때, 그 타격음을 전달받을 수 있기 때문이야. 코끼리처럼 피부 가죽이 두꺼운 동물의 이런 능력은 생태계가 생각보다 더 섬세하게 설계됐다는 것을 보여주지. 그러나 인간의 몸은 지진 감지기도, 바이러스 감지기도 없어.

코끼리는 지진 감지기가 있다. 20㎞ 떨어진 곳에서도 진동을 느낄 수 있다.

눈에 보이지 않는 바이러스

유령처럼 어슬렁거리며 지나가는 바이러스들도 중요해. 그들은 대부분 파지야. 박테리아를 감염시켜 퇴치하는 바이러스들이지.

네가 먹는 음식 종류에 따라 위와 장에서 사는 박테리아의 종류가 바뀐다는 사실 알고 있니? 박테리아가 바뀌면, 자연스럽게 파지도 바뀌게 돼. 장에 염증이 생기면 특정한 파지가 늘어나는데, 그러면 파지가 자신을 지키기 위해 유익한 박테리아를 공격할 수도 있어.

아니면 아직 발견되지 않은 바이러스성 암흑물질이 공격을 시작할 수도!

그건 아무도 모르지.

바이러스성 암흑물질은 어디에나 존재해. 인체를 포함한 모든 생명체 안에는 눈으로는 식별할 수 없는 엄청난 수의 바이러스들이 살고 있거든.

박테리아와 곰팡이, 동식물과 섞여 사는 그 많은 바이러스를 감히 어떻게 식별할 수 있겠어? 과학자들은 그 답을 군유전체학에서 찾았대.

사람은 식습관과 생활 방식에 따라 고유한 바이러스 집단을 갖게 된다. 각자 시그니처 바이러스를 가지고 있다는 뜻이다. 이것은 바이러스의 존재와 역할을 이해하는 중요한 열쇠이다.

군유전체학, 유전학 놀이공원

나처럼 멋진 바이러스가 자전거를 탈 수 없다니!
자전거를 타고 멋지게 돌아다니고 싶은데! 그건 꿈이고 환상일 뿐이지?

인간에게 부러운 건 딱 두 가지야. 신나게 자전거를 탈 수 있다는 것과 군유전체학을 발명했다는 것!
군유전체학은 자전거를 타는 법처럼 배울 수 있어. 근데 그게 자전거 위에 다른 자전거 하나를 더 얹은 채 타는 법을 배우는 거 같아. 무슨 소리냐고? 내가 아무리 쉽게 설명해 줘도, 네 머리가 터질지도 모른다는 뜻이야.
그래도 내 탓은 아니야. 군유전체학에 호기심을 가진 순간을 원망해!

군유전체학은 일단 눈에 보이지 않는 사다리 또는 반쪽 사다리를 부수면서 시작해. 그리고 사다리가 어떻게 스스로 다시 조립하는지 그 과정을 관찰하는 거야. 보통 50단계로 나누어 표시하지.

그림을 그리고, 무언가를 붙이고, 이상한 빛을 던지고, 심지어 직접 관찰도 해. 이를 바탕으로 이 사다리가 곰팡이와 박테리아, 바이러스 중에서 어느 종류에 속하는지 정체를 파악하지. 그리고 어떤 유형의 것인지도 판단해.
이 과정에서 특정 생물체를 깊이 이해할 수 있어. 그러나 인간은 생명체에 대해 정확한 정보가 아직 많이 부족해. 인간은 계속 탐구 중이야.

군유전체학은 환경에서
무작위로 표본을 채취해
어떤 종류의 생물이 해당 생태계에
서식하고 있는지 파악한다.

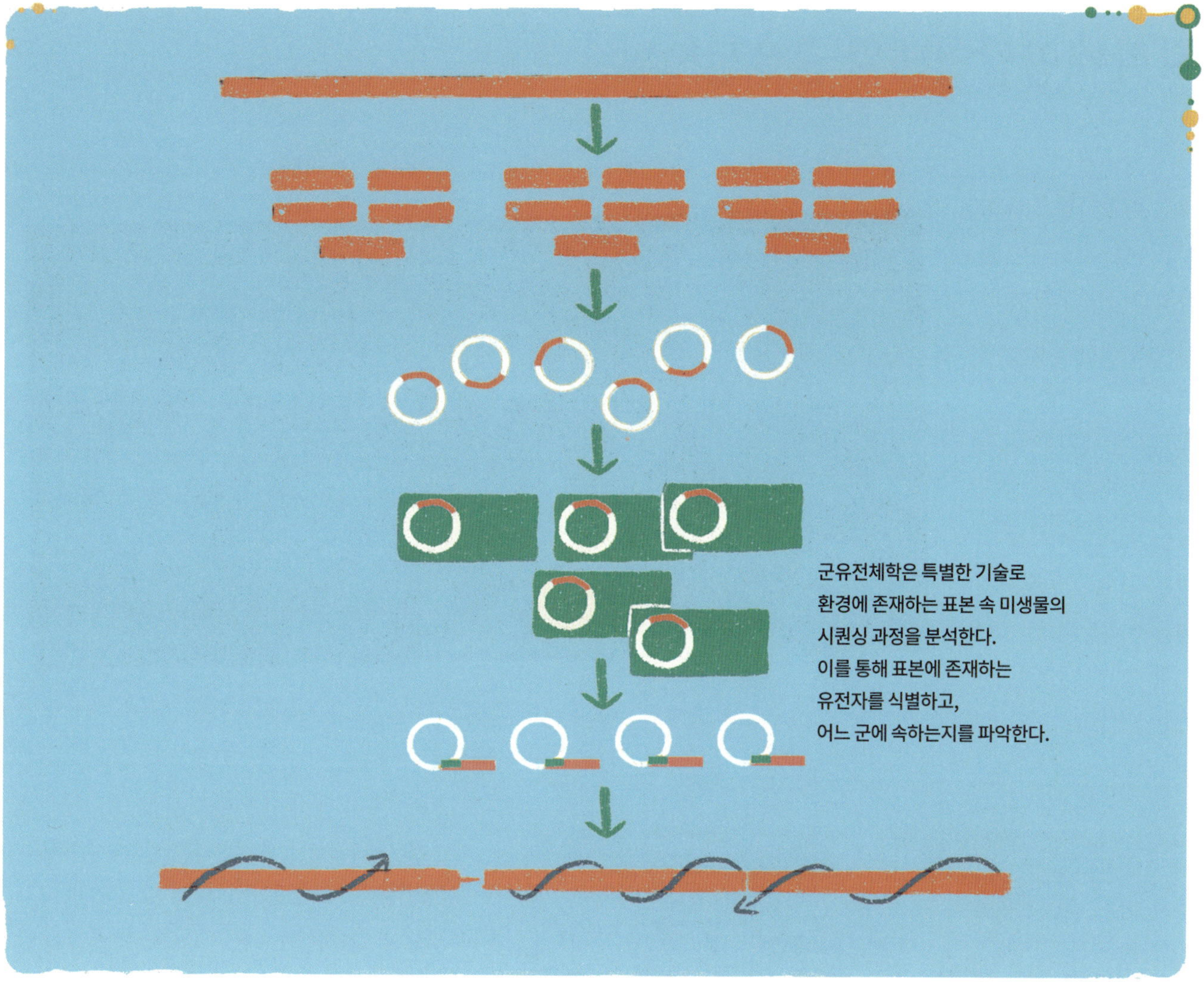
군유전체학은 특별한 기술로
환경에 존재하는 표본 속 미생물의
시퀀싱 과정을 분석한다.
이를 통해 표본에 존재하는
유전자를 식별하고,
어느 군에 속하는지를 파악한다.

사다리 재배

환경에서 표본을 수집해서 생명체의 유형을 규명하는 군유전체학은 특수한 기계로 **염기서열**을 분석하고 있어.

곰팡이나 박테리아, 바이러스를 배양하는 게 아니라 그들의 사다리인 DNA와 RNA를 배양해서 염기서열을 살펴보는 방식이야.

사다리의 각각 절단된 계단 부분이 뉴클레오타이드라고 했잖아? 이게 바로 **서열**sequence이야. 군유전체학은 시퀀싱sequencing에 기반을 두고 있는데, 위의 그림을 살펴보면 그게 얼마나 멋지게 진행되는지 확인할 수 있을 거야. 아직 이해가 안된다고? 진행 방향에 따라 다시 한번 꼼꼼히 살펴봐.

이 과정에는 약 18가지의 기술이 활용되는데, 대용량 컴퓨터와 다양한 프로그램을 사용해서 표본을 분석하지. 이렇게 복잡하고 정밀한 과정을 수행하는 이유는 단 하나! 이 유전물질이 과연 어디에 속하는지 파악하기 위한 거야.

근데 군유전체학은 자전거 위에 얹은 또 다른 자전거처럼, 생명체의 정체를 알아낸 순간 다른 쪽으로 영역을 넓혀 가지.

A 표본에서 발견한 DNA 사다리와 B 표본의 것이 다르기 때문에 엄연히 다른 존재이긴 하지만, 그들이 함께 발견됐다는 것은 같은 환경을 공유한다는 의미가 아닐까? 그럼 그들은 서로 관련이 있는데, 그게 뭘까? 이런 식으로 토론하면서 논의의 범위를 점점 키우는 거지.

맞아! 군유전체학은 미지의 존재만 규명하는 게 아니야. 이처럼 미처 알지 못했던 그들 간의 관계를 깊이 탐구하는 일을 하고 있어. 여기서 비밀 하나!

군유전체학은 스쿠너 여행에도 활용됐어!

못 믿겠다고?

타라해양탐험대와 군유전체학

과거 탐험가들은 살아 있는 생물이 가득한 항아리를 들고 귀국했어. 그러나 21세기에는 거의 그럴 일이 없어. 미발견 생물체의 DNA 사다리만 채취해서 돌아오는 일이 훨씬 많아. 과학 기술이 눈부시게 발달한 덕분이야.

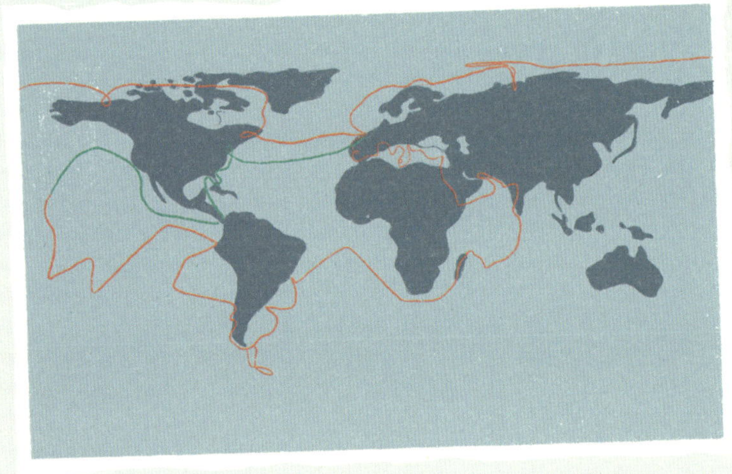

21세기부터는 표본만 비행기에 태워 실험실로 보내고, 탐험팀은 계속 탐사를 이어가고 있어. 2006년부터 2016년까지, 쉬지 않고 세계 바다를 돌면서 탐사를 계속했던 타라해양탐험대 방식이야.

왼쪽 그림은 타라탐험대의 이동 경로인데, 그들은 2년여 동안 한시도 쉬지 않고 스쿠너를 타고 바다를 떠돌았어.

스쿠너
타라해양탐험대는 다양한 수심에서 샘플을 수집하고, 군유전체학을 이용해 새로운 종을 발견하면서 쉬지 않고 세계 바다를 탐험했다.

타라탐험대는 총 3만 5천 개의 표본을 채취했어. 물론 이게 다 바이러스는 아니야. 탐험대는 새로운 유전자들과 혼합 유전자들을 포함해 무려 4천만 개의 유전자도 수집했어. 참, 유전자가 무엇인지는 기억나지? 유전물질을 저장하는 DNA의 가장 작은 조각!

바닷물 1L에는 1만에서 1억 개의 바이러스가 들어있다.
만약 1L의 바닷물을 마시면,
바이러스가 아니라 소금 때문에 병에 걸릴 것이다.

유전자가 명령한다!

유전자는 뉴클레오타이드의 연속적인 배열이야. 뉴클레오타이드는 세포에 무언가를 만들도록 지시하지. 생식세포에 있는 유전자는 자손 대대로 전달되는 거야.

타라탐험대는 바닷물 1L에 바이러스가 약 1만에서 1억 개 정도 들어 있다는 걸 알아냈어. 그중 5천 개는 아직 알려지지 않은 미분류 바이러스들이었지.

타라해양탐험대의 규모

3년 동안, 40개국에서 온 250명의 사람들이 이 배를 거쳐 갔어. 그들은 과학자와 탐험가, 예술가, 언론인, 승무원들이었지. 그들과 동시에 10개국, 23개의 연구소에서 140명의 연구원들이 실험과 연구를 진행했어.
타라탐험대에는 고성능 수중 현미경이 있었지만, 지상 연구소에서 진행한 시퀀싱과 메타 게놈 분석 기술이 없었다면 그렇게 엄청난 성공을 거두기 어려웠을 거야.

그 후 해양탐험은 성공을 거듭하면서 오늘날까지 계속 이어지고 있어. 미세 플라스틱 오염 등 바다에서 벌어지는 여러 문제를 집중적으로 추적하는 중이지.

바이러스가 그린 튤립

우리 바이러스는 행복이 무엇인지 몰라. 그저 복제본을 만드느라 하루하루가 고달파. 근데 인간들은 행복감을 느낄 줄 아는 감성이 있어.
여기, 네덜란드에 사는 한 남성이 지금 몹시 행복해하고 있어. 6,000길더*짜리 집을 미래의 꽃인 튤립의 알뿌리 한 개와 바꿨기 때문이야! 와, 튤립 알뿌리 한 개가 집 한 채 값이라고?
16세기에는 훌륭한, 멋진, 굉장한, 기발한이라는 단어를 거의 사용하지 않았대. 하지만 예외가 있었지. 유럽의 작은 나라, 네덜란드에서는 그런 단어들이 넘쳐났어. 왜냐고? 그곳은 아름답고 값비싼 꽃들이 가득한 꿈의 나라였거든.
네덜란드 사람들은 화가와 꽃을 몹시 사랑했어. 평생 꽃만 그린 화가도 있을 정도야.
오른쪽 그림을 봐. 흰색과 빨간색이 혼합된 꽃 보이지? 그 꽃이 바로 집과 맞바꾼 바로 그 튤립 종류야! 셈퍼 아우구스투스라는 이름을 가진 아주 고귀한 튤립이지. 니콜라스 반 베렌달은 그 꽃을 캔버스 위에 멋지게 그렸지만, 현실에서 저 꽃에 특별한 색상을 선물한 건 바로 우리, 바이러스야!

니콜라스 반 베렌달의 그림
바이러스에 감염된 튤립은 아름다운 선과 색상을 얻었다.

포티바이러스가 튤립을 감염시키자,
비정형 색상의 꽃이 피어났다.
이것을 귀하게 여긴 사람들이
높은 가격으로 튤립을 구입하기 시작했다.
튤립의 알뿌리 하나가 집 한 채 값과
맞먹을 정도로 엄청났다.

*당시 1길더는 1달러에 해당한다.

진딧물이 또?

튤립에 **포티바이러스**를 전파한 것은 진딧물이야. 바이러스에 감염된 튤립은 다양한 색깔로 꽃을 피웠어. 네덜란드 사람들은 깜짝 놀랐지. 희귀한 색상의 튤립일수록 가격이 요동쳤어.

사람들은 점점 튤립에 집착했어. 아직 생기지도 않은 알뿌리까지 미리 사재기하는 광기에 빠진 거야. 이런 소동은 결국 많은 사람들을 가난과 파산의 구덩이에 빠뜨렸지. 정말 안타까운 일이야.

근데 더 기가 막힌 일은 수십 년 뒤에 일어났어. 이 아름답고 희귀한 튤립의 대부분이 저절로 멸종해 버렸다는 거지. 튤립에 기생한 바이러스가 튤립의 생명력을 약화시켜 결국 후손을 남기지 못하게 한거야.

그러나 조머스쿤이라는 튤립은 지금도 살아남았어. 조머스쿤이 살아남은 이유는 바이러스가 기생적 관계에서 공생적 관계로 전략을 바꿨기 때문이야.

계속, 계속, 계속 끝없이

근데 엔도르나바이러스는 식물과 완벽한 균형을 이루면서 살아가고 있어. **엔도르나바이러스**는 쌀과 콩, 아보카도, 포도, 보리, 메이트, 파프리카, 고추 등 다양한 식물들과 공존하지. 식물은 정상적으로 건강한 상태를 유지해.

이 바이러스가 특이한 건 프로바이러스처럼 숙주의 DNA에 몰래 숨어있지 않다는 점이야. 이 녀석은 핵을 둘러싸고 있는 세포질 안에서 자유롭게 활동해. 이런 점 때문에 인간은 식물이 원래부터 갖고 있는 유전물질인 줄 알았대.

근데 사실 이 녀석의 정체는 바이러스였어! 이 사실을 모르면 낭패를 볼 수 있어. 녀석은 식물을 감염시키면서, 식물이 보유한 선물 유전자를 슬쩍 도둑질해 가기도 하거든.

하지만 어떤 사람들은 식물이 위기를 맞았을 때 사용할 수 있도록 선물 유전자를 식물 대신 바이러스가 보관해 주는 거라고 말하기도 해. 그래서 식물이 바이러스의 도둑질을 봐주는 거라는데……. 글쎄, 정말 그럴까?

엔도르나바이러스는 곰팡이와 관련이 있어. 곰팡이와 식물 사이에서 유전적 청사진을 공유하고, 양쪽을 지원하는 다리 역할을 하지.

Chapter 7

너와 나, 진짜 친구가 될 수 있을까?

퉁켄은 우리 가족이 살고 있는 해변이야. 내가 어떻게 세상에 알려졌는지 알고 싶다면, 그곳으로 초대할게. 유전자 치료가 무엇인지 알려주고 싶어. 또 다른 건 없냐고? 왜 없겠어? 우리 바이러스가 얼마나 큰일을 하는지도 알려줄게.

바이러스 택배? 안될 거 없지!

우리 바이러스는 인간의 질병 분야에 긴밀하게 협조하고 있어. 인간은 바이러스를 이용해 질병을 예방하기도 하고 치료하기도 해.

미국에서는 파지를 활용해 리스테리아균을 막았어. 리스테리아균은 가공된 쇠고기와 닭고기에 살고 있는 나쁜 박테리아야. 멋지지?

근데 더 놀라운 건 **바이러스벡터**를 활용하는 거야. 바이러스의 게놈을 채취해 그중 일부 또는 전체를 변경해 인간의 질병 치료에 이용하는 거지. 목적에 맞게 변형된 바이러스 유전자를 인간 몸속에 전달하는 거야. 마치 택배처럼!

인간의 난치병을 치료하는
강력한 바이러스 택배

바이러스 요원, 당신의 임무는?

아데노바이러스와 파지, 폭스바이러스, 알파바이러스, 플라비바이러스 등 우리 바이러스 요원들은 다양한 임무를 수행하고 있어. 가장 대표적인 임무는 **백신** 제조야.

과거 백신은 약화시킨 바이러스나 바이러스 조각을 사용했어. 하지만 최근에는 해가 없는 바이러스에 약간의 유전 물질을 주입해 해당 질병을 일으키는 바이러스의 일부 또는 핵심만 제조하도록 지시해. 이런 백신을 인체에 주입하면, 세포는 병에 걸리지 않고 이 바이러스를 생산할 수 있거든. 이 바이러스는 진짜 질병 바이러스가 침입해 병을 일으키려고 할 때, 그것을 중화하는 항체를 만들어서 대항해. 강력한 면역 방어 체계를 구축하는 거야. 물론, 인간의 몸이 메시지를 잘못 해석하지 않게, 바이러스 유전 물질이 인간의 것과 섞이지 않도록 주의해야 해. 백신을 만들 때, 반드시 분열하지 않는 **해가 없는 바이러스**를 사용해야 하는 이유야. 세포 분열 시 바이러스의 유전물질이 인간의 DNA에 스며들면 절대로 안 되니까.

바이러스의 다른 용도

근데 바이러스의 이런 위험성을 역이용할 때도 있어. 악덕도 미덕이 될 때가 있는 법이야.
주로 단일 유전자에 이상이 생겨 질병이 발생했을 때 이용하는 방법이지. 현재까지 이런 질병은 6천여 개 정도야. 이런 질병들은 모두 특정 유전자가 잘못 작동하거나 아예 작동하지 않아서 발생해.

세포에게 바이러스 조각을 먹어달라고 요청하지 않는다.
대신 특정 바이러스를 메신저로 활용해
해결사인 유전물질을 세포에게 전달한다.

난장판 댄스 클럽, 그래도 나는 미션을 완수할 거야

우리는 복제본을 만드는 일에 진심이라고 했잖아? 처음부터 바이러스는 복제를 위해서 태어났어. 근데 미친 듯이 복제하다 보면 오류가 자주 생겨.
그건 사람도 마찬가지야. 인간 200명 중 1명 꼴로 **단일유전자성 질병**을 갖고 태어나지.

이것은 무슨 의미일까? 단일 유전자에 발생한 실수는 돌연변이가 생겨서 인체에 문제가 생겼다는 말이야. 심각할 수도, 별거 아닐 수도 있지만 오류는 오류지. 인간은 현재 약 6천 개의 단일유전자성 질병을 갖고 있어. 특정 유전자가 문제를 일으키거나, 해야 할 일을 하지 않아서 생기는 병이야 .

불치병 치료

남성 3만 명 중 1명이 앓고 있는 난치성 혈우병, 시력을 잃게 하는 망막 질환 등이 단일유전자성 질병이야. 근데 만약 정상 유전자를 가지고 이동해, 오류 부분을 교체해 주는 메신저 바이러스가 있다면?

이런 상상력이 유전자 치료의 문을 활짝 열었어. 정상 유전자를 바이러스 안으로 들여보내 혈액을 타고 필요한 기관으로 이동하게 만드는 거지.
또 바이러스가 인체 밖에서, 즉 실험실에서 줄기세포를 치료해 건강한 세포로 만들면 이것을 인체에 주입하는 방법도 있어. 환자가 바이러스에 직접적으로 노출되지 않는 안전한 방법이지.

그러나 이런 치료가 항상 쉽고 완벽한 것은 아니야. 세포의 핵은 끊임없이 음악이 흘러나오고 춤추는 사람들로 붐비는 댄스 클럽 같거든. 밖에서 들어온 사람이 멍하니 서 있다가, 엉겁결에 자신이 원하는 파트너가 아닌 사람과 춤을 출 수도 있어. 반대로 너무 급히 서두르면, 사나운 경비원들에게 쫓겨날 수도 있지.

우리는 이제 동맹

현재 대부분의 유전자 치료법은 주로 암 치료에 적용하고 있어. 종양에서만 복제되는 동물 바이러스가 있거든. 이 바이러스로 반란군 세포들을 공격하고, 방어 시스템의 도움을 받아 양쪽에서 동시에 암세포를 파괴하는 거지. 바로 **종양용해 바이러스요법**oncolytic virus therapy의 핵심이야.

진심으로 동맹을 맺고 싶다면

인간은 우리 바이러스를 제대로 이해해야 해. 우리가 인간을 해치는 존재라는 오해를 그만 풀었으면 좋겠어. 그래야 우리의 동맹 관계도 굳건해질 거야.

자, 우린 이제 진짜 동맹이지?
너를 우리 집으로 초대하고 싶어!
그럼 출발!

비범한 미생물

그동안 난 너에게 많은 이야기를 해줬어. 바이러스가 누군지, 그들이 어떤 일을 하는지, 그리고 인간과 우리의 관계는 어떤지, 앞으로 우리의 동맹은 어떻게 발전해야 하는지 등등.

근데 막상 너에게 내 가족을 소개하려고 하니까 좀 떨려.

아래 그림은 칠레에 있는 퉁켄 강의 하구야. 나의 고향이고 집이지. 내 이름은 쿠엔투고, 성은 **판도라바이러스 살리누스**야. 수백만 년 동안 난 이 곳에서 살고 있어. 지금 해안에서 캠핑을 즐기는 내 가족들이 보이니?

자이언트 바이러스 2종이 칠레 중부 라스 크루세스와 퉁켄 해변에서 발견됐다.

아무리 커도 눈으로 볼 수는 없어

2013년 어느 날 아침, 프랑스 과학자 나데즈 필립이 이끄는 연구팀이 퉁켄 해변에 나타났어.

우리는 보통 바이러스보다 10배에서 20배 정도 큰 자이언트 바이러스 종족이야. 그래도 인간의 눈으로는 절대로 볼 수 없지. 그동안 수많은 인간들이 이곳을 다녀갔지만, 아무도 우리를 발견하지 못했어.

설령 우리가 눈에 보였더라도 인간은 우리가 누군지 전혀 몰랐을 거야. 인간은 뿔 달린 유니콘이나 박쥐 날개를 하고 불을 토해내는 용 같은 건 철석같이 믿지만, 우리 존재는 상상도 안 하잖아? 하지만 나데즈 필립이 나의 집, 퉁켄을 찾아온 것은 올바른 선택이었어.

그보다 약 3년 전, 장 미셸 클라베리와 샹탈 아베르겔이 칠레 남쪽 라스 크루세스에서 내 친구인 토뇨 메가바이러스 칠렌시스toño megavirus chilensis를 발견했지. 토뇨는 나보다 조금 작아. 하지만 그는 1,240개의 유전자로 설탕과 지질, 아미노산을 처리할 수 있어.

토뇨가 발견된 후, 단단히 칼을 갈던 나데즈가 그날은 무슨 일이 있어도 우리를 꼭 만나야겠다고 단단히 결심한 거 같았지.

선물을 안겨주는 바이러스

우리 종족은 판도라바이러스로, 2천5백 개의 유전자를 가지고 있어. 바이러스의 평균 유전자가 10개니까 정말 어마어마한 개수지. 나데즈는 이 사실을 알고 펄쩍 뛰었어. 바이러스가 이렇게 클 줄은 상상도 못했던 거지.

몇몇 인간은 생태계의 핵심인 우리 판도라바이러스를 기생충이라고, 즉 프리로더라고 말했지.

인간에게 선물 유전자를 주기 위해 우리가 얼마나 고생을 하는데……. 그것도 모르고.

인간은 정말 고마움을 모른다니까!

기생충이 어떤 녀석인지는 알잖아? 그는 허락없이 네 몸에 불쑥 들어와 실컷 먹다가 휭하니 떠나버리는 녀석이야. 애초에 네게 선물을 줄 생각 따위는 없어. 하지만 우리 판도라바이러스는 달라. 네게 줄 선물을 트럭에 싣고 오지. 다른 거대 바이러스인 미미바이러스와 메가바이러스도!

아무런 의심 없이 우리를 먹어 치우는 아메바에게 우리는 DNA 사다리를 몰래 심어 놓지. 이게 인간에게 얼마나 큰 선물인지 설명해 줄게.

바이로파지, 바이러스를 공격하는 바이러스

2016년 엑스 마르세유 대학의 디디에 라울은 미미바이러스가 면역 체계를 갖추고 있다는 것을 입증했어!

맞아, 우리 바이러스도 너처럼 감기에 걸릴 때가 있어. 우리도 병에 걸리는 거야.

우리를 아프게 만드는 바이러스를 **바이로파지**라고 불러. 바이러스에 다른 바이러스가 침입해 병을 일으킨다는 놀라운 사실!

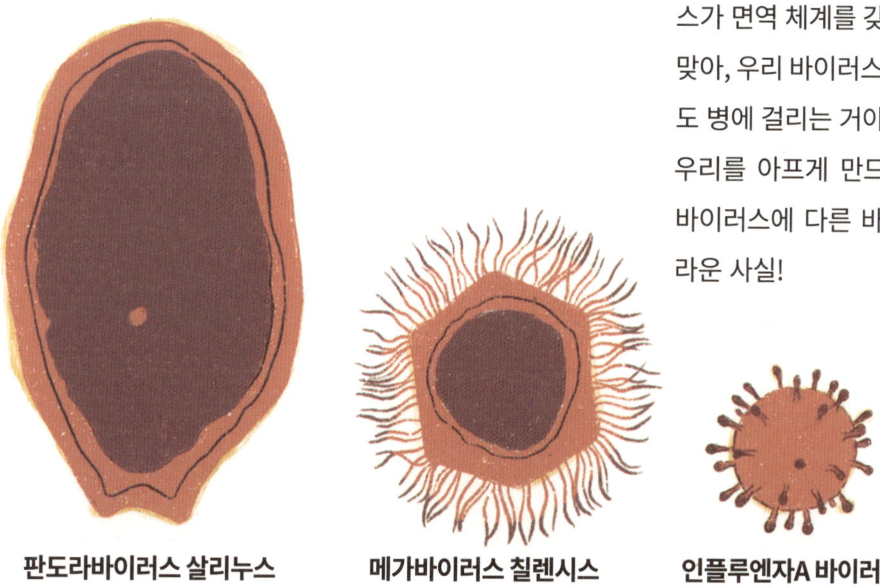

판도라바이러스 살리누스 메가바이러스 칠렌시스 인플루엔자A 바이러스

바이러스 크기 비교

인간들은 거대 바이러스를 오랫동안 박테리아로 착각했다.

내가 떠나도 바이러스는 영원히

정말 섭섭하지만, 이야기를 끝낼 시간이 점점 다가오고 있어. 뭐든 시작이 있으면 끝이 있는 법이지. 하지만 바이러스의 세계는 영원해. 내가 무대를 내려가도 바이러스는 언제나, 어느 곳에나 살고 있다는 거 잊지 말아줘.

오랫동안 인간은 이 세상이 자기들만의 세계인 줄 알았어. 근데 알고 보니, 우리와 함께 사는 세계였지. 인간은 놀래서 짜증내고, 의심하면서 오랫동안 우리의 존재를 인정하지 않았어. 에휴, 인간의 오만함이란!

→ 인간이 자랑하는 멋진 몸은 우리 바이러스로 가득 차 있어!

→ 지구의 모든 생명체는 모두 바이러스의 영향을 받고 있어. 우리 바이러스가 생명체를 죽이기도 하고 살리기도 해. 우리가 그들의 삶에 관여하고 있어!

진정한 친구!

광장이나 거리, 정원, 바닷가 어디든 좋아. 거기서 네가 30분 동안 가만히 서 있다면, 약 50만 개의 바이러스가 네게 떨어질 거야. 하루 종일 서 있다면, 약 8억 개 정도 떨어질 거고.

근데 이 바이러스들은 다 어디서 온 걸까? 바다에 사는 바이러스들은 파도를 일으키는 바람 때문에 하늘로 높이 솟아오르겠지. 또 먼지 폭풍에도 섞일 테지. 또 구름과 비를 만들려고 높이 올라가기도 하겠지.

우리 바이러스들은 단숨에 네가 있는 곳까지 달려올 수 있어!

가장 중요한 것

- 넌 우리 바이러스에 관해 계속 배우고 있어.
- 넌 우리가 공존하려면, 먼저 자연과 환경을 보호해야 한다는 사실을 알게 됐어.
- 너에게 이런 기억력과 성찰 능력을 부여한 것은 위대한 레트로바이러스야.
- 레트로바이러스는 뇌신경계의 핵심인 ARC라는 유전자 코드를 제공했어.
- 앞으로 질병과 전염병, 팬데믹은 계속 나타날 거야. 하지만 우리가 손을 잡는다면, 아예 정복할 수 없는 문제는 아니야.
- 백신은 동맹 간 힘의 균형을 유지하는 가장 효과적인 방법이야.
- 인간과 바이러스가 사이 좋게 공존하는 세상은 얼마나 신나고 재밌을까?

제발 나를 잊지 마.

우리 바이러스에게 마음을 열어줘서 고마워.
앞으로도 우리에게 따스한 관심을 가져줘!

그럼 진짜 안녕!
상상력이 무기인 멋쟁이들!

꼭 알아야 할 용어

진딧물

식물의 잎과 줄기에서 영양을 취해 생존한다. 모기가 사람에게 바이러스를 전달하는 것처럼, 진딧물도 식물에게 바이러스를 전달할 수 있다.

DNA

생명체의 유전정보를 담고 있는 분자. 유전정보는 부모에게서 자식에게 전해진다. DNA 분자는 나선 계단 형태의 이중나선을 형성하기 위해, 두 가닥이 서로를 감싸고 있는 완전한 사다리 모양이다. DNA는 세포 핵에 들어 있다.

RNA

DNA와 비슷하지만, 단일 가닥 형태의 분자이다. 중간을 잘라낸 반쪽 사다리 모양. RNA는 세포 내에서 정보를 전달한다. 그러면 핵은 세포의 다른 부분에 어떤 것을 생성해야 하는지 지시한다. 이런 역할을 수행하는 RNA를 메신저RNA(mRNA)라고 한다. RNA의 가장 중요한 특징은 자기복제를 할 수 있다는 점이다.

박테리아

핵이 없는 단일세포 생명체로, 리보솜만 있다. 곰팡이와 동식물의 세포가 갖고 있는 소기관들이 없다. 생명력이 강해 깊은 바닷속이나 땅속에서도 살 수 있다.

박테리오파지

박테리아 내에서 복제되는 바이러스이다.

생물권

지구의 모든 생태계를 아우르는 말로 생태권이라고도 한다.

칼리시바이러스

야생동물과 가축을 이용해 복제하는 바이러스로, 고양이 독감의 원인으로 알려져 있다.

콜레라

오염된 음식이나 물에 들어있는 비브리오균 때문에 발생한다. 설사, 구토, 탈수 증상이 나타나며 항생제로 치료한다.

편리공생

식탁 공유라는 의미가 있다. 생명체 중 한 종류가 다른 종류를 해치거나 돕지 않으면서, 혼자 이익을 얻는 방식이다.

이질

주요 증상은 혈성 설사와 장의 염증이다. 시겔라라는 박테리아에 의해 발생하며, 오염된 음식이나 물을 통해 전파된다.

생태학

모든 생명체와 물리적 환경 사이의 관계를 연구하는 학문이다. 세상의 변화는 수용하지만 균형을 추구하는 경향이 있다. 경제도 생태학의 하위 분야이다.

생태계

생명체 집단과 물리적 환경이 상호작용하는 조직적이고 지리적인 공간을 뜻한다.

풍토병

특정 장소에 정착해 유행을 반복하는 질병이다. 또는 특정한 생명체 집단에 영구적으로 영향을 미치는 질병을 의미한다.

진화

생명체가 시간과 세대의 흐름에 따라 다양한 형태와 특성으로 변화하는 과정을 의미한다. 생명체는 그룹으로 생태계에 적응하거나, 생존하는 것을 추구한다. 그러나 진화는 항상 전보다 더 나은 쪽으로 진행되는 것은 아니다. 다만 점점 더 복잡한 존재들이 출현하게 된다.

파지

박테리오파지를 줄여서 부르는 단어로, 고세균 그룹의 박테리아와 생명체에서만 복제되는 바이러스이다. 자연에서 가장 흔하게 발견되는 바이러스로, 항생제에 내성을 가진 박테리아를 파괴할 수 있기 때문에 의료 치료에 활용한다.

식물성 플랑크톤

광합성으로 생존하는 미세조류로 바다 먹이 사슬의 하위 그룹에 속한다. 이들은 오로지 빛만 먹는다.

루카LUCA(Last Universal Common Ancestor)

최초의 생명체가 아니다. 현재 모든 생명체의 원조가 된 생명체를 의미한다. LUCA 이외에도 생명체 그룹이 분명히 존재했으나, 오늘날까지 살아남은 것은 LUCA의 후손들 뿐이다.

단일재배

넓은 밭에 한 종의 식물만 재배하는 것을 의미한다. 이런 경우 기계와 비료, 제초제, 살충제 등을 과도하게 사용하게 된다. 단일재배는 생태계를 파괴하기 때문에 생태학적으로 매우 심각한 결과를 가져온다.

RNA 세계

오늘날 과학자들은 생명체가 현재 우리가 알고 있는 형태로 즉각 발생하지 않았다고 판단한다. 생명체 보다 먼저 세 가지 형태의 분자가 나타났다고 주장하는 것이다. RNA, DNA, 단백질! 그래서 생명체가 존재하기 전, **프리바이오틱** 지구에서는 이 세 가지 분자로 형성된 화학적 세계가 있었을 것이라고 추측하고 있다.

돌연변이

유전물질인 게놈이 변화해서 일어난다. 화학물질과 방사선 또는 바이러스의 작용으로 세포 분열 과정에서 오류가 발생하면 돌연변이가 발생한다.

상호주의(상리공생)

두 개 이상의 종이 상호 연관성을 가지는데, 양쪽 모두에게 이익이 되는 상황을 말한다.

예를 들면 과일을 먹는 박쥐와 과일 나무다. 상호주의 관계에 있는 종들은 더 많이 번식하거나 더 오래 생존한다.

프로제노트

루카 시대에 존재했던 원시 생명체로 진화의 출발점이 된 존재다.

쿠엔투(이 책의 주인공)

아마 인간이 알고 있는 바이러스들 중에서 가장 공감 능력이 뛰어난 바이러스일 것이다.
거의 인간에 가까운……하하!

복제

세포에 침입한 비리온이 자신을 분해한 다음 세포의 효소를 이용해서 자신의 DNA나 RNA로 복사본을 만드는 순간을 말한다.

리보솜

세포 내부의 공장으로, 단백질을 만들어낸다. 또한 리보솜은 mRNA를 따라 이동하는데, 유전 정보를 읽고 이에 따른 생성물질을 만들어낸다.

리노바이러스

일반적인 감기를 발생시키는 바이러스이다. 인플루엔자나 독감을 발생시키는 바이러스와 다르다.

모자반

수많은 종을 가진 해조류의 일종으로, 바다 먹이 사슬의 하위그룹에 속한다. 공기가 가득 찬 주머니를 이용해 떠다닌다.

공생발생

두 가지 의미가 있다.
첫째, 생존을 향상시키기 위해 서로 다른 생명체들이 협력하는 것을 말한다. 둘째, 서로 다른 생명체 사이에 유전물질이 수평적으로 전달되어 새로운 생명체가 생성되는 과정을 뜻한다.
인간은 약 3만 개의 유전자를 가지고 있는데, 이 중에서 250개는 박테리아에게서 온 것이다.

공생

각기 다른 두 종이 서로 영향을 주고 받는 관계이다.

유전자 치료

유전적 질환이나 암을 치료하기 위해 환자의 세포 내 유전물질을 변형해서 활용하는 치료법이다. 주로 바이러스를 이용해, 치료용 유전물질을 세포 내로 이동시키는 방법을 쓴다.

비리온

바이러스 입자. 완전한 상태의 바이러스를 의미한다. 복제 과정을 시작하기 위해, 쉬지 않고 숙주를 찾아다니고 있다.

바이로파지

바이러스를 감염시키는 바이러스. 세포 내에서 자신을 복제하기 위해 다른 바이러스(거대 바이러스)를 비활성화시키거나 손상시킨다.

바이로이드

외피 캡슐이 없는 RNA 가닥이다. 꽃이 피는 식물만 감염시킨다. 일부 과학자들은 바이로이드를 RNA 세계의 최후 생존자로 간주한다. 그러나 다른 쪽에서는 이것이 최근에 나타난 이상 현상이라고 본다.

바이러스권

바이러스와 그들이 자기복제에 사용하는 다른 생명체와의 상호작용으로 형성된 생물권의 일부이다.

인수공통전염병

척추동물에서 사람으로, 사람에서 척추동물로 전염되는 질병으로 현재 약 200여 가지가 발견됐다.

참고자료

•Bhella, David y Brown, Nigel (2016) Are viruses alive? https://microbiologysociety.org/publication/past-issues/what-is-life/article/are-viruses-alive-what-is-life.html에서 찾으실 수 있습니다.

• Criado, Miguel Ángel (2020).
El sarampión emergió con las primeras grandes ciudades.
https://elpais.com에서 찾으실 수 있습니다.

• Ellwanger, Joel Henrique 외 (2020).
Beyond diversity loss and climate change: Impacts of Amazon deforestation on infectious diseases and public health.
https://www.scielo.br에서 찾으실 수 있습니다.

• Giattino, Charlie; Ritchie, Hanna 외 (2022).
Excess mortality during the Coronavirus pandemic (COVID-19). https://ourworldindata.org/excess-mortality-covid에서 찾으실 수 있습니다.

• Koch, Alexander y Chris Brierly, Mark M. Maslin, Simon L. Lewis (2019).
Earth system impacts of the European arrival
and Great Dying in the Americas after 1492.
https://www.sciencedirect.com에서 찾으실 수 있습니다.

• Moon, Mariella (2016). Virus gigantes.
https://www.engadget.com에서 찾으실 수 있습니다.

• Moustafa, Ahmed 외 (2017). The blood DNA virome in 8,000 humans.
https://www.ncbi.nlm.nih.gov에서 찾으실 수 있습니다.

• Pastuzyn, Elissa D. 외 (2018).
The Neuronal Gene Arc Encodes a Repurposed Retrotransposon Gag Protein that Mediates Intercellular RNA Transfer.
https://doi.org에서 찾으실 수 있습니다.

• Phelan, Meagan (2015).
Oceans Expedition Yields Treasure Trove of Plankton Data.
https://www.aaas.org에서 찾으실 수 있습니다.

• Pierce, S.K 외 (1999). Annual Viral Expression in a Sea Slug Population: Life Cycle Control and Symbiotic Chloroplast Maintenance.
https://www.researchgate.net에서 찾으실 수 있습니다.

• Pierce, Sidney K. 외 (2016).
A Preliminary Molecular and Phylogenetic Analysis of the Genome of a Novel Endogenous Retrovirus in the Sea Slug Elysia chlorotica.
https://www.researchgate.net에서 찾으실 수 있습니다.

• Racaniello, Vincent. Virology / 26 lectures / Biology 4310 / Spring 2020 / Columbia University in the city of New York.

• Robbins, Jim (2018).
Trillions Upon Trillions of Viruses Fall From the Sky Each Day.
https://www.nytimes.com에서 찾으실 수 있습니다.

• Roux, Simon 외 (2015). Viral dark matter and virus–host interactions resolved from publicly available microbial genomes.
https://elifesciences.org에서 찾으실 수 있습니다.

• Ryan, Frank (2009/2013). Virolution.
New York: HarperCollins Publishers Inc.

• Sampedro, Javier (2016).
Virus en nuestro genoma nos protegen de otros virus.
https://elpais.com에서 찾으실 수 있습니다.

• ScienceDirect. Metagenomics.
https://www.sciencedirect.com에서 찾으실 수 있습니다.

• Shwartz, Mark (2001).
Elephants pick up good vibrations through their feet.
https://news.stanford.edu에서 찾으실 수 있습니다.

• The Conversation (2019). How smallpox devastated the Aztecs and helped Spain conquer an American civilization 500 years ago.
https://theconversation.com에서 찾으실 수 있습니다.

• Wang, David (2020). 5 challenges
in understanding the role of the virome in health and disease.
https://doi.org에서 찾으실 수 있습니다.

• Zimmer, Carl (2015).
A Planet of Viruses. Chicago: University of Chicago Press.